全国建设行业中等职业教育推荐教材

公共关系基础

（物业管理专业适用）

主编　张旭辉　李文静
主审　林升乐

中国建筑工业出版社

图书在版编目(CIP)数据

公共关系基础/主编张旭辉，李文静. —北京：中国建筑工业出版社，2004
全国建设行业中等职业教育推荐教材. 物业管理专业适用
ISBN 978-7-112-06950-7

Ⅰ.公… Ⅱ.①张…②李… Ⅲ.公共关系学—专业学校—教材 Ⅳ.C912.3

中国版本图书馆CIP数据核字(2004)第110968号

全国建设行业中等职业教育推荐教材
公共关系基础
（物业管理专业适用）
主编　张旭辉　李文静
主审　林升乐

*

中国建筑工业出版社出版、发行（北京西郊百万庄）
各地新华书店、建筑书店经销
廊坊市海涛印刷有限公司印刷

*

开本：787×1092毫米　1/16　印张：$9\frac{1}{2}$　字数：227千字
2004年11月第一版　2016年11月第八次印刷
定价：**16.00**元
ISBN 978-7-112-06950-7
(12904)

版权所有　翻印必究
如有印装质量问题，可寄本社退换
（邮政编码 100037）

本社网址：http://www.cabp.com.cn
网上书店：http://www.china-building.com.cn

本书是根据中等专业学校公共关系基础教学大纲编写的，经建设部中等职业学校建筑与房地产经济管理专业指导委员会评审推荐。

本书内容包括：公共关系概述，公共关系的产生和发展，公共关系机构和人员，公共关系传播，公共关系工作程序，公共关系策划，公共关系中的物业管理文书，公共关系专题活动，接待礼仪。本书着重讲述了公共关系学的基本理论及实用技术。每章后附有复习思考题。

本书可作为中职学校、党校、函大、电大教材，也可作为干部和职工的培训教材和自学参考书。

* * *

责任编辑：张　晶
责任设计：孙　梅
责任校对：刘　梅　王金珠

教材编审委员会名单

（按姓氏笔画排序）

王立霞　甘太仕　叶庶骏　刘　胜　刘　力
刘景辉　汤　斌　苏铁岳　吴　泽　吴　刚
何汉强　邵怀宇　张怡朋　张　鸣　张翠菊
邹　蓉　范文昭　周建华　袁建新　游建宁
黄晨光　温小明　彭后生

出 版 说 明

物业管理业在我国被誉为"朝阳行业",方兴未艾,发展迅猛。行业中的管理理念、管理方法、管理规范、管理条例、管理技术随着社会经济的发展不断更新。另一方面,近年来我国中等职业教育的教育环境正在发生深刻的变化。客观上要求有符合目前行业发展变化情况、应用性强、有鲜明职业教育特色的专业教材与之相适应。

受建设部委托,第三、第四届建筑与房地产经济专业指导委员会在深入调研的基础上,对中职学校物业管理专业教育标准和培养方案进行了整体改革,系统提出了中职教育物业管理专业的课程体系,进行了课程大纲的审定,组织编写了本系列教材。

本系列教材以目前我国经济较发达地区的物业管理模式为基础,以目前物业管理业的最新条例、最新规范、最新技术为依据,以努力贴近行业实际,突出教学内容的应用性、实践性和针对性为原则进行编写。本系列教材既可作为中职学校物业管理专业的教材,也可供物业管理基层管理人员自学使用。

建设部中等职业学校
建筑与房地产经济管理专业指导委员会
2004 年 7 月

前　言

本教材是根据中等专业学校物业管理专业的"教育标准"、"培养方案"和本课程的教学大纲编写的。

本教材共分九章，包括：公共关系概述，公共关系的产生和发展，公共关系机构和人员，公共关系传播，公共关系工作程序，公共关系策划，公共关系中的物业管理文书，公共关系专题活动，接待礼仪。在编写中，着眼于中等职业素质教育，坚持从教学的实际需要出发，全书框架结构科学合理；体例规范一致；内容以实用为主线，较好地突出了知识点、能力点、侧重点，暗中形成"基础、提高、应用"三个层次；概念准确明晰，知识系统无误，例证逻辑性强；用语言简意赅，平实易懂，通顺流畅；尤其是能从物业管理角度去谈公共关系，形成本书特色，体现出较强的针对性、实用性、职业岗位性、实践性和创新性，适合中专学生阅读。

本教材由攀枝花学院张旭辉（副教授）、（攀枝花市建筑工程学校）李文静（讲师）主编。第一章由罗忠科（高级讲师）编写，第二、四、五、九章由李文静编写，第三、六章由张旭辉编写，第七章由王娟（讲师）编写，第八章由阙明（高级讲师）编写。

本教材在编写过程中，参阅了有关论著、教材和资料，在此深表谢意，同时，本教材由四川省建筑职业技术学院林升乐（副教授）主审，对书稿提出了许多宝贵意见，在此致以衷心的感谢。

由于编写时间及编者的水平所限，本教材难免有疏漏之处，敬请读者给予批评指正。

目 录

第一章 公共关系概述 ... 1
- 第一节 公共关系的涵义和特征 ... 1
- 第二节 公共关系的客体 ... 8
- 第三节 公共关系的职能 ... 14
- 第四节 物业管理中的公共关系 ... 17
- 复习思考题 ... 19

第二章 公共关系的产生和发展 ... 20
- 第一节 公共关系的起源和发展 ... 20
- 第二节 公共关系产生的社会条件 ... 26
- 复习思考题 ... 28

第三章 公共关系机构和人员 ... 29
- 第一节 公共关系的组织机构 ... 29
- 第二节 公共关系人员的素质与培养 ... 35
- 复习思考题 ... 42

第四章 公共关系传播 ... 43
- 第一节 公共关系传播的类型 ... 43
- 第二节 公共关系传播媒介 ... 46
- 复习思考题 ... 50

第五章 公共关系工作程序 ... 51
- 第一节 公共关系调查 ... 51
- 第二节 制定计划与方案 ... 57
- 第三节 计划方案的实施 ... 61
- 第四节 公共关系效果评估 ... 65
- 复习思考题 ... 67

第六章 公共关系策划 ... 68
- 第一节 公共关系策划概述 ... 68
- 第二节 公共关系策划的主要内容及类型 ... 72
- 第三节 公共关系策划的程序 ... 79
- 复习思考题 ... 83

第七章 公共关系中的物业管理文书 ... 84
- 第一节 常用文书的写作 ... 84
- 第二节 公关广告 ... 92
- 第三节 公关简报 ... 98

第四节　新闻稿 ·· 102
　　　复习思考题 ·· 107
第八章　公共关系专题活动 ·· 108
　　　第一节　举办活动 ··· 108
　　　第二节　新闻传播 ··· 115
　　　第三节　处理危机 ··· 120
　　　复习思考题 ·· 123
第九章　接待礼仪 ·· 124
　　　第一节　接待礼仪概述 ·· 124
　　　第二节　接待礼仪的基础知识 ·· 127
　　　第三节　接待礼仪在物业管理中的应用 ··· 131
　　　复习思考题 ·· 136
附录一　《国际公共关系协会行为准则》 ··· 137
附录二　《中国国际公共关系协会会员行为准则》 ·· 138
主要参考文献 ··· 141

第一章 公共关系概述

公共关系学经过近百年的发展，已经成为一门相对独立的学科，这门学科有其自身的概念、要素、特征和研究对象，了解和把握这些概念和范畴是学习理解公共关系学的基础。本章着重介绍公共关系的涵义、特征、构成要素、工作对象、职能以及公共关系中的物业管理等基本知识。

第一节 公共关系的涵义和特征

一、公共关系的定义

"公共关系"一词源于英文"Public Relations"，缩写为"PR"。译成中文原意应是"公众关系"，简称"公关"。由于翻译上的先入为主，就成了一种约定俗成的译法，现在普遍把"公众关系"译成"公共关系"，一直沿用至今。

公共关系学起源于美国，虽已有几十年的历史，但对于公共关系的定义却五花八门，目前尚无统一的认识。了解国内外对公共关系的不同定义，有助于我们全面理解、把握公共关系理论。

（一）国外有代表性的公共关系定义

（1）英国公共关系专家杰夫金斯给公共关系的定义：精心准备、按照计划并持续不断地努力建立和保持某个组织和它所面向的公众之间的相互理解。

（2）英国公共关系协会对公共关系的定义：公共关系活动是为了建立和保持组织与其公众之间的相互理解而进行的审慎的、有计划的和连续不断的活动。

（3）美国公共关系协会征询了两千多名公共关系专家的意见，从中选出了四种公共关系定义：① 公共关系是企业管理机构经过自我检讨与改进后，将其态度公诸社会，借以获得顾客、员工及社会的好感和了解的经常不断的工作；② 首先，公共关系是一个人或一个社会组织为获取大众之信任与好感，借以迎合大众之兴趣而调整其政策与服务方针的一种经常不断的工作；其次，公共关系是对此种已调整的政策与服务方针加以说明，以获取大众了解与欢迎的一种工作；③ 公共关系是一门技术。该技术在于激发大众对于任何一个人或一个组织的了解并产生信任；④ 公共关系是工商管理机构用以测验大众态度，检查本企业的政策与服务方针是否得到大众的了解与欢迎的一种职能。

（4）1978年8月在墨西哥城，世界公共关系协会大会的定义：公共关系的实施是一门艺术和科学，它分析趋势，预测后果，为组织领导者提供咨询，并执行一系列有计划的既为组织又为公众利益服务的行动方案。

（5）国际公共关系协会关于公共关系的定义：公共关系是一种管理职能，它具有连续性和计划性。通过公共关系，公立的和私人的组织、机构试图赢得同他们有关的人们的理解、同情和支持。

（6）德国德意志公共关系协会对公共关系的定义是：公共关系是以系统的研究为基础而进行的旨在促进理解和在公众中建立和维护信誉的有意识的合法的努力。

（7）美国贝逊企业管理学院公共关系学院主任坎菲尔德认为：公共关系是一种管理哲学，在所有决策及行动上都以公众利益为本。这一原则应贯穿在政策中，并向大众阐明，以期获得他们的谅解和信任。

（8）丹麦公共关系俱乐部对公共关系的定义是：公共关系是私人和公共团体为谋求已经建立或期望与之建立联系的公众中获得理解、同情和支持的连续、系统的努力。

（二）国内有代表性的公共关系定义

（1）毛经权主编的《公共关系学》中所下的定义：公共关系是一个组织运用传播手段，在组织与社会公众之间建立相互了解和信赖关系，并通过双向的信息交流，在社会公众中树立起良好的形象和声誉，以取得理解、支持与合作，从而有利于促进组织本身目标的实现。

（2）复旦大学居安延在《公共关系学导论》中下的定义：公共关系是一个社会组织运用传播手段使自己与公众相互了解和相互适应的一种活动或职能。

（3）台湾的公共关系专家祝振华提出：公共关系学，是以促进了解为基础，内求团结，外求发展的管理哲学。

（4）中国社会科学研究所明安香在《公共关系——塑造形象的艺术》一书中给公共关系下的定义：公共关系是用传播手段塑造组织自身良好形象的艺术。

（5）中国社会科学院新闻研究所公共关系课题组下的定义：所谓公共关系，就是一个企业或组织，为了增进内部及社会公众的信任与支持，为自身事业发展创造最佳的社会关系环境，在分析和处理自身面临的各种内部和外部关系时，采取一系列科学的政策与行动。

除了上述这些严格的定义外，在公共关系实践活动中还产生了一些通俗易懂的表达：

1）公共关系就是争取对你有用的朋友；

2）公共关系就是帮助一个机构和公众的沟通；

3）公共关系就是讨公众喜欢；

4）公共关系就是促进善意；

5）公共关系就是说服公众的技术；

6）公共关系是百分之九十靠自己做得对，百分之十靠宣传；

7）公共关系是信与爱的运动；

……

从上述定义中，我们至少可以概括出这样几点：

1）公共关系活动的主体：一个社会组织；

2）公共关系活动的客体：与该社会组织有关的内部和外部公众；

3）公共关系活动的直接目的：促进公众对组织的理解、支持和合作；

4）公共关系活动的间接目的：提高组织的效益；

5）公共关系活动的性质：是一门处理公众关系的科学和艺术；

6）公共关系活动的特点：按照计划而进行的持续不断的努力和活动。

由上所举，可以看出公共关系的定义十分繁多，角度不同、侧重点不同，所下的定义也就不同。对公共关系的定义，我们可以这样来理解：所谓公共关系，是一个社会组织为了促进相关的公众对它的理解、合作和支持，而采取的一系列有计划的努力和活动。

二、公共关系的涵义

"公共关系"，在英文原意中，有多种涵义，其中主要有三重涵义，即：公共关系状态、公共关系活动和公共关系学。

（一）公共关系状态

公共关系状态是指社会组织所处的社会关系状态和社会舆论状态，即社会组织在公众心目中形象的总和。社会关系状态指一个组织与其相关公众之间联系的程度；社会舆论状态是指公众舆论对一个组织的反应程度。任何社会组织都会处于一种公共关系状态，如社会组织知名度与美誉度的高低、与公众的关系是好还是坏等。大体上，我们可以从良好或不良、自觉或自然两种角度剖析组织的公共关系状态。一个组织所追求的，应当是自觉的良好的公共关系状态。

所谓良好的公共关系状态，是指社会组织赢得公众的支持和信赖的境况，具有良好的组织形象。这说明组织处于有利的公共关系状态，这是组织生存和发展的基础，也是一种无形的财富。相反，不良的公共关系状态说明组织形象欠佳，不能得到公众的支持与信赖。这种公共关系状态如不及时纠正，将对社会组织造成危害。

所谓自觉的公共关系状态，是指社会组织通过有意识地开展一系列的公共关系活动而获得的组织形象，可称之为积极的公共关系状态。而自然的公共关系状态则是指社会组织在无为的情况下自然而然地获得的组织形象，可称之为消极的公共关系状态。

（二）公共关系活动

公共关系活动是指社会组织为建立自身的良好组织形象而从事的各种活动。主要包括组织协调、沟通、传播等。通常情况下，这种活动可分为以下几个方面：

1. 有意识的公共关系活动和无意识的公共关系活动

有意识的公共关系活动是在公共关系理论的指导下，有明确的目的、有计划、有组织地开展公共关系活动；无意识的公共关系活动则是缺乏公共关系理论指导，没有明确目的，没有科学组织和系统计划的公共关系行为。

2. 单一的公共关系活动和系列的公共关系活动

单一的公共关系活动指目标单一、规模较小、运作方式独立的公共关系活动；系列的公共关系活动指通过一系列的公共关系活动，达到公共关系目的。前者一般由组织内部的公共关系部门承担，后者一般由公共关系部门或公共关系公司共同组织实施。

3. 兼及的公共关系活动和专门的公共关系活动

兼及的公共关系活动指不由公共关系机构和公共关系专业人员进行，只是在组织日常业务中，兼顾了的公共关系活动；专门的公共关系活动则指由专门公共关系机构和公共关系专业人员所从事的公共关系活动。

（三）公共关系学

公共关系学作为一门独立的学科，有自己完整的学科体系，有完整的研究内容、任务和方法。

1. 公共关系学研究的主要内容

（1）一般理论研究：研究公共关系学的概念、功能、机构、人员、公众、手段等；

(2) 相关理论研究：研究公共关系学在学科群中的地位及学科间的相互渗透问题；

(3) 公共关系史研究：研究公共关系理论与实践的发生、发展以及逐步完善的过程；

(4) 公共关系活动研究：研究公共关系的具体运作过程；

(5) 分类研究：研究不同的社会组织或同一社会组织面对不同公众开展公共关系活动的特定方式与方法。

2. 公共关系学的任务

公共关系学的研究，是为了弄清理论、指导实践、培养人才、服务社会。

3. 公共关系学的研究方法

公共关系学的研究，从方法论角度讲，主要有经验方法、实验方法和测验方法三种。通过这些方法来总结概括理论，探讨公共关系活动的内在规律。

综上所述，我们可以将公共关系的涵义概括为以下四个方面：

(1) 公共关系主要研究社会组织与公众的关系。公共关系是以社会组织为主体，主要研究组织与组织内外有关公众建立的各种关系。这种关系是组织与个人、组织与群体、组织与组织之间的关系，而不是私人之间或组织内部个人之间的关系。

(2) 公共关系的目的是建立良好的组织形象。组织形象是公共关系理论的核心概念。公共关系的根本目的就是谋求组织与各有关公众之间建立良好关系，为组织创造一个良好的社会关系。

(3) 公共关系的惟一手段是双向的信息传播。社会组织与公众建立良好关系的惟一手段是双向的传播、沟通，而不能用别的任何手段，如行政命令、经济制裁等。

(4) 公共关系是一种科学的管理方法，它既是一门科学又是一门艺术。公共关系作为一种管理方法，对社会经营管理方针、政策和行为有着巨大的影响。从理论上讲，公共关系是一门科学；从运作上讲，公共关系又是一种艺术。这是科学与艺术的统一体。

三、公共关系的构成要素

公共关系是社会组织通过信息传播手段，从而与各类公众建立良好关系的社会交往形式，它主要由组织、公众和传播三个基本要素构成，即：公共关系的主体——社会组织，公共关系的客体——公众，公共关系的手段——传播。

(一) 社会组织

1. 社会组织的含义

社会组织是指执行一定的社会职能，完成特定的工作目标，构成一个独立单位的社会群体。它由组织目标、组织规模和组织管理机构等要素构成。

所谓组织目标，指规定社会组织的基本性质和发展方向。

所谓组织规模，指社会组织中存在的人、财、物的质量和数量、地域大小等。

所谓组织的管理机构，指约束组织成员的规范(如公司章程)以及管理职权在组织中各分支机构和个人中的分配状况，如物业公司总经理和公司副总经理的职责范围，权力大小不同等。

2. 社会组织的分类

根据其职能，社会组织大体可以分为经济组织、政治组织和文化组织三种基本类型。

(1) 经济组织：指那些在经济领域中执行生产、流通、交换、分配等社会职能的社会组织。它包括：生产组织、交通运输组织、银行信贷组织、社会保险组织、商业组织和社会服务组织等。

（2）政治组织：指那些组织经济和文化建设，并保证这些建设正常进行而创造和维护良好社会秩序的社会组织。它包括：政党组织、政权组织、立法组织、司法组织、执法组织和军事组织等。

（3）文化组织：指那些满足人们的文化需求为目标，以从事文化活动为其基本任务的社会组织。它包括：文学艺术团体、教育科研单位、文化馆、体育馆、俱乐部、医疗卫生部门等。

3. 社会组织的基本特征

公共关系的主体——社会组织，是信息的传播者，在公共关系活动中的这种特殊地位，决定了在公共关系活动中具有如下特征：

（1）目的性。社会组织的公共关系活动从来都是围绕一个组织的目的进行的。组织的目的既体现一个组织的职能，又决定着组织存在的价值及其活动的方向。一个组织的目的可以是多样的，如一个物业管理企业，它有盈利的目的，也有为某些人提供就业机会的目的，最根本的目的是为业主及其使用人提供服务。但不管一个组织的具体目的有多少，其总的只能有一个。公共关系活动的目的就是为了取得公众的理解、信任和支持，以实现组织的总目的，否则，公共关系活动也就毫无意义。

（2）主动性。一个社会组织明确了公共关系活动目的的同时，还必须主动采取多种灵活多样的方式，运用各种公共关系技巧，去影响社会公众，主动进行感情沟通。惟有如此，公共关系人员的公益活动才能达到预期目的。

（3）长期性。社会组织的公共关系活动是一项长期的工作，良好的形象和信誉，并非一朝一夕所能建立的，公共关系亦非急功近利之举，要靠全体员工长期的努力才能建立起来。因此，社会组织要搞好公共关系，一定要有长期计划，坚持不懈地努力，一点一滴地积累，才可能在公众中树立良好的形象。

（二）公众

公众是公共关系工作首先要考虑的问题。任何一个组织的生存发展都需要得到公众的理解和支持；任何一个组织在开展公共关系活动之前，都要认清自己所面临的公众。可以这样说：了解和确认公众不仅关系到公共关系工作的成败，也会影响到组织的形象和声誉，甚至还会影响组织的生存和发展。有关公众的内容将在本章第二节中作详细介绍。

（三）传播

1. 传播的含义

所谓传播是指社会组织与公众之间的一种信息交流活动。在现代社会中，对任何一个组织和个人而言，传播都是不可缺少的。人与人之间、人群与人群之间通过传播形成关系，组织的一切活动都有赖于与社会的沟通和交往。如物业管理企业只有与业主进行经常的、连续不断的交往和沟通，为企业自身发展创造一个和谐的社会环境，塑造一个良好的组织形象，才能实现社会效益和经济效益的统一。

2. 公共关系活动利用传播的方式

公共关系活动利用传播的方式主要有四种类型：

（1）人际传播。即是利用人与人之间的直接联系作为信息传播的媒介。其表现形式通常可分为面对面与非面对面传播两种类型。前者是指参与传播的成员，均处于同一空间和时间，通过语言、动作、表情等媒介进行交流；后者是指传播双方并非处于同一特定的空间或时间内进行的沟通交流，通过电话、电报、书信等方式进行沟通。

（2）大众传播。指职业传播者通过大众传播媒介（报纸、杂志、广播、电视等）将大量复制的信息传递给分散的公众的一种传播活动。从媒介角度看，可分为两大类，即印刷类大众传播媒介与电子类大众传播媒介。

（3）组织传播。指组织和其成员之间，组织与其所处环境之间的信息交流、沟通活动。一般有上行沟通、下行沟通和平行沟通三种形式。上行沟通，是一种自下而上的组织传播形式；下行沟通，是一种自上而下的组织传播形式；平行沟通，是指组织内同级的机构及其成员之间的沟通方式。

（4）其他传播方式。如参观、展览活动、开业典礼、周年纪念等公共关系专题活动。它们是一种综合性传播媒介，在一般的公共关系专题活动中都需要同时采用多种传播媒介，才能达到预期的目的。

四、公共关系的特征

公共关系作为一种现代的科学管理方法，有其自己独有的特点。

（一）以公众为对象

公共关系是社会组织与各有关公众的社会关系，是群体关系，而不是私人、个人关系。公共关系发展如何，直接影响社会组织的生存和发展。任何社会组织要在社会中生存发展，就必须科学地分析与处理各种有关的社会关系，为事业的发展创造最佳的社会环境，以保证事业的成功。公共关系活动的策划者和实施者必须始终将公众认作自己的"上帝"。

（二）以美誉为目标

公共关系活动要为组织树立良好的形象和声誉服务，也就是为组织建立成功的人缘关系，和谐融洽的人事气氛，最佳的社会舆论，以赢得社会相关公众的理解、信任、支持与合作。搞好公共关系的目的是为了使组织拥有良好的声誉，以利于组织的生存和发展。塑造良好组织形象是公共关系的核心问题，组织形象的美化，是公共关系活动追求的效果，是每一个社会组织所向往的。

（三）以真诚为信条

公共关系活动要奉行"真诚"的信条。社会组织必须为自己塑造一个诚实的形象，才能取信于公众，传播活动中也必须贯彻"真诚"的精神。任何失真、虚假的信息传播，都会损害组织形象。惟有真诚，才能赢得广泛的合作。因此我们说，真诚是公共关系的信条。

（四）以互惠为原则

公共关系不是以血缘、地缘为基础，而是以一定的利益关系为基础的。组织的公众对象都是与组织目标具有一定利益关系的个人、组织和群体，如果不以平等互利这一原则来处理这种以一定利益为纽带的双方关系，而是以一定利益为中心，损害对方利益，那么无论是巧取还是豪夺，无论是诱使还是迫使对方服从自己的利益，都不会有巩固和持久的公共关系。作为一个社会组织，在发展过程中既要体现本组织目标，又要让公众受益，这样才能使合作长久。所以，必须奉行互惠的原则。

（五）以沟通为手段

人类的沟通活动是一种通过用口头的、书面的或其他方式发出和收取信息，进行意义交换的螺旋式过程。如果没有沟通，公共关系主、客体之间的关系就不会存在，社会组织的美誉也无从产生，互惠互利也将成为一句空话。要将公共关系目标和计划付诸实施，离不开沟通手段。

（六）以长期性、战略性、持久性为基本方针

社会组织良好的形象和声誉，并非一朝一夕就能树立于公众之中，公共关系亦非急功近利之举。而且，社会组织在发展过程中还可能出现反复和曲折，这也会使形象和声誉常常出现"回潮"。社会组织要搞好公共关系，一定要有长期计划，坚持不懈的努力，从一点一滴螺旋式地积累，才有可能在公众心目中塑造出良好的组织形象。因此，公共关系活动必须着眼于长期性、战略性和持久性。

五、公共关系的基本原则

公共关系既是一种管理职能，又是一门艺术，任何组织在策划和实施公共关系活动时，必然有自己的原则。这些原则主要包括以下几个方面：

（一）科学指导原则

科学指导原则，就是要求既要以公共关系学的基本理论指导公共关系实践，又要注意研究与其相关各类学科发展公共关系理论，揭示公共关系活动规律。成功的公共关系必定是科学和艺术的有机结合。离开科学指导，现代公共关系学就成了无本之木、无源之水，难以向前发展。公共关系工作的理论指导表现在：用科学的方法开展工作，用唯物辨证指导公共关系实践；用科学的方法对公共关系工作对象作定量研究；用科学的理论对公共关系作定性研究。

（二）实事求是原则

实事求是原则，是指组织在塑造形象的过程中，必须以事实为依据，做到诚实守信。事实是公共关系的基础，诚实守信是公共关系的内在要求。这主要包括三个方面的内容，一是制定公共关系计划必须以社会组织公共关系状态的现实为依据；二是开展公共关系工作必须尊重事实，实事求是；三是公共关系工作必须公开真相，增加透明度。

（三）互惠互利原则

互惠互利原则，就是在开展公共关系活动时，既要使本组织受惠，也要使对方得利，实现双方获益。这就要求公共关系人员必须做到以下几点，一是圆满地实现组织自身的既定目标和完成各项任务。这也是组织对公众负责的主要表现。二是公共关系工作要为社会服务，对公众和社会负责，承担起组织自身作为社会成员的义务和责任。三是有效调节组织和公众利益的平衡，做到组织与公众双方互惠互利。四是必须重视公众对组织行为的评议，及时把公众的意见报告组织决策层，使组织所作的决策更符合公众的利益；同时，也要向公众宣传和解释组织的政策、措施，使公众能对组织的行为作出合理的评议和裁决。

（四）长远利益原则

长远利益原则，是指公共关系不是着眼于眼前和短期的利益效果，而是着眼于长远的利益效果。首先，公共关系的目标决定了公共关系工作只能着眼于长远利益，而非眼前利益；其次，公共关系的工作特点也决定了公共关系工作只能着眼于长远利益。沟通与公众的关系，树立组织形象，提高组织知名度等都是一个漫长的过程，切不可急功近利。再次，长远利益的原则也体现了现代公共关系活动的策略要求。长期赢得公众最根本的方法是使公众对组织产生信赖感和依赖感，这就要求组织以牺牲和割让眼前的利益，来换取长期的、更远大的利益。

（五）全员公关原则

全员公关原则，是指组织的全体人员都具有公共关系意识，都能按照公共关系的要求，把自己的日常工作与树立良好的组织形象相联系。坚持全员公关原则，这就要求组织的全体人员都应具有强烈的公共关系意识，自觉维护组织的形象和声誉。一方面组织的全体人员都具有公共关系意识，才能更有效地开展工作，顺利协调好组织与各类公众及社会环境的关系；另一方面，要做到全员公关，公共关系人员既要强化全体成员的"整体意识"，让组织的每个成员都能自觉地把自己同组织的整体形象结合起来，又要向全体员工普及公关知识、树立公关意识，正确引导他们自觉地支持公共关系工作，自觉维护组织的良好声誉和形象。

第二节 公共关系的客体

公共关系的客体——公众，具有特定的含义，它与日常生活中人们一般意义上使用的"大众"、"群众"、"人民"等词同义的"公众"一词有所不同。公众是公共关系学中的一个十分重要的概念，它既是公共关系的三要素之一，也是开展公共关系工作的惟一对象，离开了公众，公共关系就无法存在。

一、公众的涵义和特征

（一）公众的涵义

对于公众一词，人们都不陌生。一提到公众，人们往往会想到汇集到商店购物的人群，旅行社接待的游客，物业管理公司面对的业主以及企业内部的全体员工等，这些都是一个组织所面临的公众。由此可见，组织面临的公众是一个复杂的群体。

那么，公共关系学中的公众涵义究竟是什么呢？我们认为：所谓公众是与一定的社会组织互相影响、互相作用、面临共同问题，与组织构成利益关系的群体或个人。

公众的这一概念告诉我们：第一，公众必须要与组织有联系，这样才能构成互动关系，公众的意见和行为对组织的生存发展具有影响力，反过来说，组织的行动对公众也具有影响力。第二，公众是一个十分复杂的综合体，这一复杂性表现在：在构成公众的集合体中既有一般的群体，也有社会团体，同时还有若干零散的个体；从公众的类型上看，无论是群体还是个体，这些公众的年龄不同，身份地位高低有别，性格气质各异，需求欲望也相差甚远。第三，公众既然是组织的公众，那么不同的组织就有各自不同的公众。社会组织的性质、结构、功能的多样性，形成了组织的多样性。根据组织的社会性质来看，社会组织大体可以分为经济组织、政治组织和文化组织。这三类组织都有自己不同的公众对象。

（二）公众的特征

作为公共关系工作对象的公众，主要有以下四个特征：

1. 同质性

同质性是指公众因面临的"共同点"而聚集在一起。所谓"共同点"就是某一个社会群体和社会组织面临的共同问题、共同利益、共同意识使他们从不属于一个群体和社会组织到成为一个组织的公众。比如，表面上看相互间并没有联系的许多人或团体，因为同处一个社区,都面临着某施工企业夜间施工带来噪声污染的威胁,即遇到了共同问题,从而使他们的态度和行为具有内在联系,不约而同地或者有组织地针对该施工企业构成一定的公众压力、舆论压力。而这些团体和个人以前并不完全从属于某一个共同组织。

公众的同质性告诉我们,公共关系中的公众总是具体的可以量化的,如果不存在一定时期内可以确定的公众,那么公共关系也就无法存在了,公众的同质性从根本上把公众与大众和群体两个概念区别开来。

2. 群体性

组织面临的公众是一个群体,虽然这个群体是由个体组成,但组织开展公共关系活动不仅仅是面对一两个人。组织的公众就是组织生存发展的社会环境。这种社会环境包括社会关系和社会舆论,其涵盖面非常广。在开展公共关系工作时,应该把组织面临的公众看成是一个整体,用全面系统的观点来分析自己面临的公众。

3. 变动性

组织面对的公众始终存在于一个开放的系统之中,同时也始终处于变化的过程中。某个人或某个社会群体今天是这个社会组织的公众,明天可能就不是了,后天又可能变成另一个组织的公众。这些公众在数量上、成分上随组织状态的变化或时间场合的变化而变化,由于公众的形成取决于共同问题的出现,因此,公众的存在时间的长短,完全是由问题存在的时间的长短来决定的。

4. 多样性

公众既然是一个复杂的集合体,它存在的形式也就是多样的。既可以以个人的形式存在,也可以以群体的形式存在,个体与群体之间是相互渗透的。在某一种情形中表现为个体,而在另一种情形中则表现为群体。比如消费者公众,可以是松散的个体形式,也可以在消费者委员会中形成一个特殊的利益团体,还可能是一个严密的组织,如政府机构。公众的多样性还表现在需求层次的多样性上,由于公众的类别不同,活动方式不同,其需求也呈多样性的状态。

二、公众的分类

由于组织选择公众的标准不同,因此,公众可以分为以下几类:

(一)根据组织公关活动的内外对象,可以将公众划分为两类

1. 内部公众

指组织内部的成员,它包括员工、员工家属和股东。内部公众与组织的关系最为密切和直接,它们对组织的影响最大,这就是说,内部公众是公共关系的重要对象之一。组织的公共关系工作总是从协调内部关系开始的。内部公共关系是整个公共关系的基础和前提,只有组织内部上下左右关系融洽协调,全体员工团结一致齐心合作,才能成功地"外求发展"。

2. 外部公众

指组织以外并同组织在经济业务、外事往来等方面有密切联系的公众。一个组织的外部公众是比较复杂的,它的范围很广,主要有四类:一是消费者,它不仅指工商业的顾客、消费者,还指一切社会组织的服务对象,它既包括物质产品的购买者,也包括精神产品的接受者。二是社区公众,它是指组织生活所在区域的地方政府、其他社团和居民。社区公众是组织的"邻居",与组织有着千丝万缕的联系。三是新闻界公众,它既指作为社

会组织的报刊、杂志、电台和电视台，也指在这些组织工作的记者、编辑人员。任何组织要想得到社会舆论的支持，都必须同新闻传播媒介搞好关系。四是政府公众，政府即国家行政机关，它行使对社会进行统一管理的职能，任何一个组织都必须服从政府的管理，都存在着与政府的关系。

（二）根据公众的演变阶段，可以将公众划分为四类

1. 非公众

指一部分团体或个人不受组织的任何影响，同时他们的行为也不影响组织。事实上，在一个组织所处的环境中，常常存在这样一些社会群体，在一定的时空条件下，既不受组织行为影响，又不对组织产生任何后果，如一家机床厂可以看成是物业管理公司的非公众，排除自己组织的非公众，可以减少公共关系工作的盲目性，避免不必要的浪费。

2. 潜在公众

指由于潜在的公共关系问题而形成的潜伏公众或未来公众。即某一社会群体面临着组织行为或环境引起的某个潜在问题，由于这个问题还没有充分显露，或这些公众本身还没有意识到问题的存在，因此，他们与组织的关系还处于潜伏状态。

3. 知晓公众

由潜在公众发展而来的，当某一群体或个人面临组织行为引起的共同问题，而他们本身已经意识到这种问题的存在时，就成了知晓公众。知晓公众迫切需要进一步了解与该问题有关的所有信息，甚至开始向组织提出有关权益要求。作为组织，知晓公众一旦形成，就应精心策划公共关系活动，采取积极的态度，及时沟通，主动传播，满足公众要求被告知的心情，使公众对组织产生信赖感，这对于主动控制舆论局势非常重要。

4. 行动公众

是知晓公众发展的结果，行动公众已经知晓问题的存在，并正准备或已经采取某种行动，对组织施加压力，迫使组织采取相应行动，面对行动公众，除了采取相应的行动外，别无选择。行动公众的形成可以对组织的生存发展构成直接威胁，对他们开展公共关系难度更大。

上述四类公众，只要具备了一定的条件就可以转化，表现为一个连续发展过程，即非公众转化为潜在公众，潜在公众转化为知晓公众，知晓公众转化为行动公众。

（三）根据公众对组织的重要程度，可以将公众划分为两类

1. 首要公众

指组织最重要的公众，它关系到组织的生死存亡，决定组织工作的成败。如组织内部的员工、股东，上级主管部门，物业管理公司面对的业主等。由于首要公众的态度直接影响到组织的前途，所有的组织在开展公共关系工作时，都集中人力、物力、财力来维持和改善同首要公众之间的关系。

2. 次要公众

指那些对组织的生存和发展有一定影响，但没有决定性意义的公众。如政府机构、街道办事处等。它们对组织的生存发展不直接产生影响，但他们可以通过各种手段间接地制约组织的发展。一个组织仅仅做好首要公众的工作是不够的，还要努力协调好与次要公众的关系。但是首要和次要之间的划分只是相对的，而且两者之间也可以相互转化，今天的首要公众可能在明天成为次要公众。

（四）根据公众对组织的不同态度，可以将公众划分为三类
1. 顺意公众

指那些对组织的政策、行为和产品持赞成意向和支持态度的公众。顺意公众对组织的发展很重要，他们的意见、态度和行动对组织的目标和活动具有至关重要的意义，而且这类公众对组织比较了解，他们对组织是持积极的支持态度的。

2. 逆意公众

指对组织的政策、行为或产品持否定意见和反对态度的公众。逆意公众的形成主要是组织在利益上与公众发生了冲突。对待逆意公众，组织首先要了解逆意公众产生的原因，根据具体问题采取必要的措施，尽可能改变他们的态度。

3. 边缘公众

指对组织的政策、行为和产品持中间态度或者态度、观点不明朗的公众。如某些顾客对具体的企业和产品既无好感，也无敌意，对组织开展的工作既不支持，也不反对，这样的公众是组织争取的对象。对组织无敌意完全可以转变为对组织有好感，对组织不反对完全可以转变为支持和帮助组织。

（五）根据公众的稳定程度，可以将公众划分为三类
1. 稳定性公众

指由于兴趣、嗜好、习惯等的影响，比较集中地与某些组织、社团、商店等保持稳定的联系的老主顾、合作伙伴、社区人士等。稳定公众是组织的基本公众，组织往往会对稳定公众采取额外的优惠政策和特殊的保证措施，以示亲密关系。

2. 临时性公众

指因某一临时因素、偶发事件或专题活动而形成的公众。临时公众往往会给组织的公关活动造成一定的压力。所以每次公关活动计划都要有应付可能出现的紧急情况的对策。

3. 周期性公众

指按一定规律和周期出现的公众。这类公众一般有明确的目标和需求，活动的时间和地点也比较有规律，对这类公众开展公关活动的计划是可以在事先制定得比较周密的。

（六）根据组织对公众的态度，可以将公众划分为三类
1. 受欢迎的公众

指完全迎合组织的需要并主动对组织表示兴趣和交往意向的公众。组织对这类公众也抱有指望，由于双方都采取主动的态度，沟通一般比较顺利。

2. 被追求的公众

指很符合组织的利益和需要，但对组织却不感兴趣、缺乏交往意愿的公众。这类公众组织非常需要与他们交往沟通，但他们却不一定愿意接近组织，组织希望与他们建立关系来扩大影响，但不容易，这就需要组织去主动追求，想方设法建立沟通的渠道，讲究交往的艺术，把握交往的时机。

3. 不受欢迎的公众

指对组织一厢情愿地追求，而组织又力图躲避的公众。这类公众抱着既定的目的来接近组织，对组织造成一定的负担，或者对组织表示出一种不友好的意向或交往行为。对这类公众，组织也要处理好与他们的关系，不能采取简单的方法来回避他们，在交往中应与他们保持适当的距离。

三、目标公众分析举要

每个组织都有特定的目标公众对象。组织的性质、类型不同，具体的目标公众对象也不完全相同。下面列举一般社会组织较为常见的、带有一定共性的目标公众进行简要分析。

（一）内部公众

内部公众是指组织内部沟通、传播的对象，包括组织内部全体成员所构成的公众群体，如物业管理公司内部的员工、股东，一所学校的教职工等。内部公众是公共关系的重要对象之一。

1. 组织需要通过自身成员的认可和支持来增强内聚力

一个组织在运作之前，首先就要面对自己的全体员工，当组织在"外求发展"之时，还必须获得员工的认可。所以，一个组织成功的公共关系，不仅仅是指组织在外部树立了良好的形象，同时也指组织内部上下左右的关系达到融洽的状态。要使内部关系达到融洽的"人和"目的，首先就要有对员工的重视的意识，要尊重员工的个人价值。尊重员工的个人价值是激发员工主人翁责任感，使员工将自己作为组织一员的"个人价值"与组织的"团体价值"融洽在一起的关键。只有员工个人价值受到重视，他才可能自觉地与组织同呼吸共命运，才可能使组织形成强大的凝聚力。

2. 组织需要通过全员公共关系来增强外张力

全员公关是公共关系原则之一。每一个组织成员都处于对外公共关系的第一线，他们是组织与外部公众接触的触角。他们的一言一行都代表着组织，代表着整体，反映了组织的态度，都在向外界做广告，都在有意无意地做公共关系工作。一个组织的公共关系工作，不仅仅是这个组织的公共关系部门的事情。如果本组织的内部公众没有处理好，公共关系人员再有能耐和才华也无法搞好公共关系工作。所以，处理好内部公众的关系对于树立组织良好的外部形象有着事半功倍的效果。

从管理哲学的角度看，公共关系工作要处理好团体价值和个体价值之间的关系。公共关系的目标是追求较高的团体价值，即塑造组织良好的形象，提高组织的知名度和美誉度。而从公共关系工作的实际着眼点来说，公共关系专门做人的工作，因此，必须从确定个体价值入手，使团体中的每位成员（以及与这个团体有关的所有个人）都能在团体的环境中追求和实现个体价值。如果能够创造这样一种团体环境，这个团体就具备了足够的凝聚力和亲和力，团体价值也能通过许许多多个体的创造性活动得以充实和体现。

（二）顾客公众

1. 良好的顾客关系是企业生存与发展的首要条件

在社会主义市场经济条件下，企业与顾客的关系可以看成是"唇齿相依"、"共存共荣"的关系。从企业的角度来说，如果失去了顾客，也就失去了企业存在的价值和可能。因此，顾客的需求就是一切企业活动的出发点。如果一个企业不顾顾客的需要盲目生产，就会失去市场；如果顾客拒绝使用或者购买某个企业提供的产品和服务，这个企业就会倒闭、破产。在商品经济发达的社会中，任何企业都会把顾客当作"上帝"，把"顾客第一"作为自己经营的基本宗旨。

2. 良好的顾客关系能够为组织带来直接的利益

顾客公众是企业组织公共关系对象中利益关系最直接、最明确的外部公众。良好的顾客公共关系有利于企业组织的市场销售关系，能够给企业带来直接的利益。在争取顾客的注意力，影响顾客的消费选择和消费行为的市场传播竞争中，公共关系日益成为企业青睐的市场传播手段，据此企业可以理顺关系，加强沟通，吸引公众，为产品的销售营造一个良好的氛围与和谐的环境。

3. 良好的顾客关系体现企业组织正确的经营观念和行为

顾客公共关系要求组织将顾客的利益和需要放在首位，通过满足顾客的需要和权利来换取组织的利益。企业组织的性质就是要通过经济活动去盈利；而公共关系的经营思想认为，利润不应是企业贪婪的追求，而应是顾客对企业的产品及服务所投的信任票。只有赢得顾客信任与好感的企业，才可能较好的赢得自己的利润。因此，企业的一切政策和行为都必须以顾客的利益和需求为导向，在经营观念和行为上自觉地为消费者所想，满足消费者的需求。而这种经营观念和行为必然表现为企业良好的顾客公共关系，即企业在市场公众心目中具有良好的声誉和形象。

4. 处理顾客关系的方法

第一，建立信誉。企业提供优质的产品和优良的服务，是建立企业信誉的基础。企业的信誉并非来自企业的自我评价，而是取决于企业公众的印象和评价，是企业的顾客在购买和使用企业的产品，接受企业服务过程中心理体验的结果。建立信誉的过程是不断提高产品质量，不断创新的过程，也是不断竞争、赢得顾客支持的过程。

第二，沟通信息。与顾客进行信息的双向沟通可以引导消费，同时也可以把顾客的愿望和意见反馈给组织，改进产品的质量，提高服务的档次，传达组织的信息，进行消费教育，是组织赢得顾客理解和好感的重要措施。传达组织的信息主要是让顾客对组织有全面的了解，向顾客介绍组织的方针、政策、服务方式，及介绍产品新技术等。

（三）媒介公众

媒介公众是指新闻传播机构及其工作人员，如报刊杂志社、广播电台、电视台及其记者、编辑。在公共关系中，新闻界公众是最重要的公众之一，又是组织的一个特殊的公众。凡是有眼光的企业，都愿意与新闻界建立良好的关系，利用新闻界与自己的各界公众建立广泛的沟通网络，为自己树立良好的社会形象。

1. 良好的媒介关系有利于形成良好的公众舆论

人们常把记者称之为"无冕之王"，借助新闻媒介，主要是说记者笔下的新闻力量不可低估。新闻可以影响和操纵社会舆论，它可以使一个组织美名远扬，也可以使一个组织信誉扫地。新闻媒介的影响力是其他任何组织无法比拟的。组织要有效地在公众心目中树立良好的形象，形成有利于组织生存发展的舆论环境，就要很好地借助新闻媒介。公共关系的一项重要任务就是为组织创造良好的公众舆论，争取舆论的理解和支持。因此，与新闻媒介机构建立良好的关系，有助于争取媒介报道的机会，使组织的有关信息比较顺利地通过传播过程中的层层关口，有效地发布出去，形成良好的公众舆论环境。

2. 良好的媒介关系是运用大众传播媒介手段的前提

一个组织要想实现大范围、远距离的沟通，就必须借助于各种现代大众传播媒介，这是现代公共关系的主要手段之一。但大众传播媒介一般不是由组织内的公共关系人员掌握和控制的，有关的信息能否被大众媒介报导，以及报导的时机、频率、角度等，取决于专业的传播机构和人士。因此，与新闻界人士建立广泛、良好的关系，是运用大众媒介、争取媒介宣传机会的必要前提。

3. 良好的媒介关系可以提高组织的公关效率

媒介传播由于自身的性质，它的覆盖面广，联系的公众最广泛，传播信息的速度最快，使得公共关系与之结下了不解之缘。一方面，公共关系必须利用媒介传播工具，才能有效地、迅速地形成有利的社会舆论，为组织塑造形象；另一方面，媒介公众要与组织建立广泛的社会联系，从各组织的公关部了解组织信息，发掘出有价值的新闻和报道。所以，组织与媒介公众互为中介，互相需要，组织应充分利用这样一种关系，提高公关工作的效率。

（四）社区公众

社区是一个社会学的概念，它既指社会的某个地理区域，也指这个区域中的人和社会组织所构成的群体。社区是公共关系中一个特殊而又极其重要的概念。它是指在地理上与一个社会组织相邻近的社会区域，在社区中的公众称为社区公众，社区关系亦称区域关系、地方关系、睦邻关系。

1. 社区关系直接影响着组织的生存环境

组织的发展与社区公众有密切的联系。没有良好的社区关系，组织就会失去立足之地。首先，社会组织的生产经营活动依赖于社区提供各种服务，如能源供应、交通管理、邮政电讯、文化教育、医疗卫生等；其次，社会组织的多数员工主要来自社区，同时也给社区带来了就业机会，社会的繁荣和衰退都要影响到本社会组织的职工，也就要影响到本社区组织。有良好的社会关系，社会组织才能得到好的服务与合作，使社会组织的生存与发展处于优良的环境之中。

2. 社区关系直接影响着组织的公众形象

社区公众涉及当地社会政治、经济、文化、教育等各个方面，类型繁多，涉及面广，对组织客观上存在着各种不同的要求和评价。由于处在同一社区，对组织的某种评价和看法又极容易相互传播，形成区域性的影响，从而形成组织的某一种公众形象。由此可见，组织社区关系的好坏，直接影响着组织的社会公众形象。组织要提高自身在社区中的地位，应量力而行，主动承担必要的社会责任和义务，在社区两个文明建设方面发挥中坚作用，为社区公众做力所能及的贡献。

第三节 公共关系的职能

所谓职能是指人或事物在一定条件下能产生或者应该产生的职责或功能。公共关系的职能，就是指公共关系的职责和功能，它既是公共关系学理论的核心，又是公共关系业务的要旨。只有明确了公共关系职能，才能有效地开展公共关系活动。

总的说来，公共关系主要有以下几种职能：

一、收集信息

在信息时代，信息就是生产力，信息就是经济效益的关键性因素，信息是组织赖以生存和发展的一种重要资源。所谓收集信息，就是组织在维持生存和发展的过程中，收集掌握与之相关的诸方面的基本要素，为其创造良好的发展条件。从公共关系工作的角度来看，主要收集以下几种信息：

组织形象信息。即公众对社会组织在运行中所显示的行为特征和精神面貌的反应。组织形象信息主要包括以下几个方面内容：一是公众对组织机构及其效率的评价，如物业管理公司机构设置是否合理；二是公众对组织管理水平的评价，如物业管理公司经营方针是否正确；三是公众对组织人员素质的评价，如物业管理公司工作人员的文化水平、服务态度。

产品形象信息。产品形象是组织形象的基础。通过了解公众对组织产品的形象评价，就能反映出组织的市场形象好坏。公众对产品的反映和评价包括产品的质量、性能、规格、花色、品种、装潢、售前售后服务等。

公众的需求信息。公众需求是组织生存、发展的依据和动力，也是公众利益和兴趣的具体体现。了解重视公众需求，满足公众的合理需求，才能赢得公众。公众的需求信息包括：物质需求、精神需求、现实需求和将来需求。

竞争对手的信息。孙子兵法云："知己知彼，百战不殆"。了解竞争对手的优势情况，可以扬长避短，使自己处于竞争的优势地位。收集内容包括发展状况、决策与管理的经验和教训、资金实力和价格利润等。

二、咨询建议

咨询建议是公共关系部门和人员运用科学方法，就某个或某类问题向公众或决策者提供可靠的情况说明和意见。咨询建议是公共关系工作的高层次环节，一般包括以下几个方面的内容：

组织的发展情况咨询。组织进行经营发展方针修订和调整时，依据对政策、法令、政治、经济、文化情势的了解和分析，提供有关的信息咨询和建议；组织采取完善和改进措施以增进活力时，提供员工的合理化建议和征询专家的论证意见。

员工的心理状态咨询。员工是组织的主体，他们的思想状态、心理行为和士气直接关系到组织的活力与效率。公共关系部门要提醒管理者尊重员工，并为他们提供激励员工责任感、工作兴趣、劳动热情的建议。对那些既重业绩又重人的领导，则应随时提供员工思想和心理变化方面的信息。

公众心理变化和趋势预测咨询。公众的心理活动决定着公众的行为。现代社会条件复杂多变，公众的心理活动也会随之千变万化。公众心里变化对社会有很大的影响。因此，公共关系人员必须在对公众信息的长期收集和积累的基础上，对公众心理变化及时进行分析和预测，从而为组织发展和领导决策提供可靠的依据。

三、参与决策

所谓决策，是指人们改造世界的过程中寻求实现某种最优化预定目标的活动。公共关系人员不仅向组织提出一般的咨询建议，而且要参与决策，为领导决策提供必要的信息建议，这才是公共关系咨询建议的高级形式。决策的过程包括了确定决策目标、拟定决策方案、实施决策方案、决策评价和反馈。公共关系人员参与决策的好处在于：一是向领导者提供决策信息，促进决策的民主化、科学化；二是决策过程中当好参谋，向决策者提供咨询建议；三是帮助决策者评估决策方案实施后果，修正决策方案，并通过公共关系调查，收集公众意见，衡量和评价决策的优势和差距，充分发挥公共关系的参谋作用。

公共关系参与决策本身并不是作为公共关系活动信息传播过程，但作为信息传播活动的公共关系活动只有同参与组织决策活动结合在一起，才能起到真正有效的作用。正因如此，参与决策也应理解为公共关系的职能之一。

四、协调沟通

一个组织通过公共关系活动，协调和沟通组织与公众的关系；争取公众和其他社会组织的谅解和支持，最终达到组织内部、外部和谐统一的目的，为组织的生存和发展创造一个良好的环境，是公共关系的又一基本职能。

"内求团结，外求和谐"，是公共关系协调沟通工作的宗旨。所谓"内求团结"，就是要创造组织内部团结和谐的气氛，增强每一个员工的凝聚力。一个组织内部有各种各样的关系，概括起来无非是领导与员工的关系，组织内部各个职能部门之间的关系，协调和沟通这两类关系是公共关系工作的一部分。

所谓"外求和谐"，就是通过积极开展对外活动，促进组织和外界密切联系和广泛合作，为组织营造良好的外部环境，组织面临的外部公众很多，如消费者、供应者、经销者、新闻界等，这就不可避免地要与他们发生矛盾和纠纷，就需要公共关系部门通过双向沟通，避免冲突和纠纷，消除敌意和误解，维护合作关系，形成良好的外部环境。

五、教育引导

公共关系还具有教育引导职能，其表现在对内部公众和外部公众的教育引导两个方面：

内部公众的教育引导：组织内部员工是经营活动的基本要素，也是塑造组织良好形象的保证。通过教育，灌输公共关系意识，引导组织各部门和全体员工重视组织的形象和声誉。教育员工树立主人翁责任感，通过向公众提供优质产品和优质服务，为组织树立良好形象；教育员工树立自己的良好形象，以自己良好的形象影响组织外部公众；在员工中开展公共关系的教育培训工作，提高全体员工的公共关系意识和觉悟水平，通过开展实务和技术方面的培训，帮助他们掌握建立良好公共关系状态的实际本领。

外部公众的教育引导：在竞争日益激烈的今天，物业管理企业要提高组织的知名度和美誉度，这就要求公共关系围绕宣传服务质量，提供优质服务开展工作。公共关系通常采用劝说性教育，引导外界公众改变态度适应组织或采用实际步骤促进公众的好感。如提供慈善捐款、举办社区文体比赛、赞助社会公益事业等。

六、树立形象

组织形象是社会公众心目中对组织整体的印象和评价。塑造良好的组织形象是公共关系的一项重要职能。组织形象是由丰富的内容和多样的形式构成的一个完整的整体印象。它主要由产品形象、员工形象、服务质量、设施设备和环境形象等要素构成。这些构成要素又具有其深刻的内涵。

组织形象是一个组织向社会介绍自己的名片。塑造良好的组织形象，是社会主义市场经济发展的内在要求，一个组织有良好的形象，就能得到公众信任和支持，提高生存能力，发展能力和竞争能力，保证组织事业成功。

树立良好的组织形象，已越来越被各种组织的领导者所认识。从公共关系的角度来说，树立良好的组织形象就是要提高组织的知名度和美誉度。所谓知名度，就是公众对组织所知晓的程度；所谓美誉度，就是公众对组织的信赖和赞美的程度。两者缺一不可，一般来说，知名度需要以美誉度为客观基础，才能产生积极的效果，美誉度需要以一定的知名度为前提条件，才能充分显示其社会价值。

第四节 物业管理中的公共关系

一、物业与物业管理的基本内涵

（一）物业的基本涵义

"物业"一词原来是粤港方言对房地产的称呼，它最早在香港使用，其含义为单元性房地产的称谓。我国于 2003 年 6 月颁布的《物业管理条例》的定义为：是指业主通过选聘物业管理企业，由业主和物业管理企业按照物业服务合同约定，对房屋及配套的设施设备和相关场地进行维修、养护、管理，维护相关区域内的环境卫生和秩序的活动。

（二）物业管理的基本涵义

管理一词是管辖、控制、处理的意思。凡是有许多人共同在一起劳动，就离不开管理，管理是人类共同劳动的产物。管理的本意，是指人们从事某项工作或某一领域活动时，为实现预期目的而进行的决策、计划、组织、指挥、协调、激励和控制等活动。

物业管理是指物业管理经营人受物业所有人的委托，依照国家有关法律规范，按照合同或契约行使管理权，运用现代管理科学和先进维修养护技术，以经济手段对物业实施多功能全方位的统一管理，并为物业所有人和使用人提供优质高效周到的服务，使物业发挥最大的经济价值和使用价值。

二、公共关系与物业管理

（一）公共关系思想，是企业应予重视的经营管理原则

公共关系思想是现代企业家必须重视的重要的经营管理原则，其内容包括：

1. 珍视信誉，重视形象

信誉至上是现代企业经营的第一要则，树立企业形象是公共关系的首要职能。在复杂多变的现代社会里，信誉是一个企业谋求生存、争取发展的重要条件和手段。企业只有在树立和提高自身的信誉上下功夫，才能取得扎扎实实的经济效益，才能具有真正经久不衰的竞争能力。信誉和形象是密切联系的，信誉好必然形象好。物业管理公司应该重视企业形象，良好的形象是物业管理公司的无价之宝。

2. 注重双向信息沟通

在物业管理工作中，经营者必须重视信息的搜集、贮存、分析、传递工作，并且要形成意识，构成体系。物业管理公司要建立自己的信息系统和信息网络，形成企业内外的信息沟通，它是公共关系的重要内容之一。

3. 注重社会综合效益

现代经营管理的一个重要思想，就是要兼顾企业经济效益和社会效益，这无疑是公共关系思想中一个重要思想。从这种思想出发，物业管理公司不仅要追求自身的经济效益，更要注重社会综合效益。

总之，公共关系思想要求物业管理公司在经营活动中，把公共关系作为一门管理科学，上升到其经营管理的战略高度去认识，并以公共关系的科学理论作指导，有意识有目的地开展各种公共关系工作，将会带来不可估量的综合效益。

（二）公共关系工作，是企业必不可少的管理手段

公共关系是现代企业必不可少的一项工作，其主要内容有以下几方面：

(1) 充分运用大众传播媒介，扩大企业在社会上的知名度和美誉度，为自己的经营活动铺平道路。

(2) 内求团结。引导协调企业与员工之间的关系，做好内部公众的公共关系工作。

(3) 外求发展。注意将工作做细，与业主（住户）和其他外部公众保持良好的关系。

(4) 处理公关危机。注意及时排解纠纷，妥善处理住户投诉，维护企业声誉。

(5) 监测社会环境，分析发展趋势。公共关系必须不断地监测社会环境变化，如政策、法令的变化；社会舆论的变化；公众兴趣的变化；自然环境的变化；政治经济形势的变化；市场的变化等。

企业有良好的公共关系，就是无形的财富，企业的美誉度就会不胫而走，广为传播，乐意聘请企业参与物业管理的业主就会越来越多，就可以提高企业的经济效益和社会效益。因此，一个好的物业管理公司，需要开展公共关系工作为其创造的最佳社会环境。

（三）把公共关系渗透到企业管理的全过程中去

针对公共关系思想和工作对企业经营活动的影响，物业管理公司必须符合和满足社会和公众的利益才能获得利润，必须取得公众和其他有关组织的支持与合作才能发展，这已成为一个不以人的意志为转移的客观规律。

首先，物业管理公司工作的涵义不仅在于社会性分工协作的发展，还在于经营管理观念的社会化，经营管理体制的社会化。从社会整体看，物业管理公司是整个社会生产链条中的一个环节；从物业管理公司看，企业内部工作的各个环节也日益具有社会化性质。经营管理观念、体制和方法等方面社会化的一个显著表现，就是公共关系。因为公共关系要从宏观和微观的角度，根据企业面对的种种社会关系来进行协调管理。也就是说，必须根据社会和公众的利益和意愿来管理。

其次，公共关系在广义上还作为一种现代社会人际交往观念而流行。物业管理公司作为服务性企业，就更要注重公共关系。即只有注重维持良好的公共关系，才能树立良好的知名度和美誉度，争取住户和社会各界的理解与合作，以谋求企业发展的良好社会环境。

三、物业管理公司公共关系的对象及目标

物业管理公司公共关系的对象分内部公众和外部公众两大类。内部公众关系对象主要是企业员工、股东和企业内各部门之间的关系；外部公共关系的对象主要有业主（租户）、发展商、行业管理部门、街道办事处、工商、税务、公安、卫生防疫、交通、供电、供水、煤气、辖区周围居民及单位、新闻媒介等。他们之中又有主次之分，如业主（租户）是物业管理公司最主要的外部公众。针对这些不同的公共关系对象，物业管理公司所应达到的公共关系目标也不尽一致。对于企业内部公众来说，公共关系的工作目标就是要通过各种公共关系工作使企业内部信息畅通，员工都以主人翁的姿态投入到工作中去，形成企业内部管理与对外服务的良性循环。对于企业的外部公众来说，公共关系目标就是要争取他们对本企业的理解、支持与配合，树立良好的企业形象。

四、物业管理公司的公共关系内容

（一）针对企业内部公众的公共关系内容

(1) 设计并建立内部信息流通网络，使企业内部信息上通下达；具体形式可采取创办企业内部刊物、简报等。

(2) 筹划各种活动，增进员工和员工之间的相互沟通，融洽关系。这些活动包括总经理接待日；员工生日聚会、郊游、演讲、书法、卡拉 OK、棋牌比赛以及重大节日庆典、公司周年庆典等。

（二）针对企业外部公众的公共关系内容

1. 针对业主（租户）的公关工作

（1）建立与业主（租户）的信息交流网络，及时沟通各种信息。具体形式有：设置宣传广告栏，公布各种信息资料；设立业主（租户）投诉信箱、电话，及时收集各种投诉；编写住户刊物和物业管理简报，向住户传达各类信息。

（2）组织各种公关活动，增进住户与公司之间的了解，融洽彼此的感情。这些活动包括：住户意见建议征询会；物业管理荣誉家庭评议颁奖活动；见义勇为住户颁奖活动；节日与住户的联谊活动；住户义务植树、清洁劳动活动；做一天物业管理员的活动等。在组织这些活动时，要周密策划，充分准备，要把自己的公共关系目标有意识但又很自然地予以强化。

（3）对管理工作中重大事故的处理。管理中出现重大事故对企业的形象会产生很大的不利影响，这时公共关系工作者要及时了解掌握事故发生的原因、经过和处理结果，并随时向住户客观地通报，要慰问事故受害人，并向全体住户致歉，通报以后的改进措施，以争取住户的谅解。

2. 针对其他外部公众的公关工作

（1）建立一套同这些部门、单位互通信息的网络，随时掌握这些组织、单位的各种政策、法规信息，分析这些变动信息对公司管理工作可能带来的影响，及时采取相应的对策。如水电调价、税率调整、要犯通辑等，都会影响物业管理工作，所以必须做到信息畅通、准确、及时，使企业不致因信息阻塞蒙受损失。

（2）进行一些必要的交际活动，增进同这些部门、单位的感情交流，争取他们对本公司工作的理解、支持与配合。

（3）组织一些必要的活动，包括联谊会、茶话会、致感谢信等，通过这些活动巩固和加强各种公共关系工作的效果。

事实上，任何企业在其日常工作中，都可能有意识或无意识地从事着各种公共关系工作，把公关作为一门管理科学，上升到企业经营管理的战略高度去认识，并以公共关系的科学理论作指导，有意识有目的地开展各种公共关系工作，将会给企业带来的直接、间接的经济效益和社会效益。

<h2 style="text-align:center">复 习 思 考 题</h2>

1. 你对各种公共关系定义有什么看法？
2. 如何理解公共关系的涵义？
3. 如何认识公共关系三要素？
4. 公共关系有哪些基本特征？
5. 你认为组织的重要公众有哪些？请举出一些例子来。
6. 公共关系职能包括哪些内容？

第二章 公共关系的产生和发展

公共关系作为一种客观存在着的社会关系和社会现象有着久远的历史。但作为一种职业，形成一门独立系统的学科，则只有近百年的时间。我们追溯公共关系的源流，了解其发生与发展的历史，把握国内外公共关系的现状，剖析公共关系形成和发展的条件，对全面、准确和科学把握公共关系，开拓适合我国情况的公共关系事业具有重要意义。

第一节 公共关系的起源和发展

公共关系作为一种职业和学科，最早产生于美国。但人类的公共关系思想和活动起源，可以追溯到古代。

一、公共关系起源

（一）古代时期

朴素的公共关系思想和原始的公共关系活动古已有之。但朴素、自发、零散的观念和活动与现代公共关系有着很大的差别，这在各个国家、各个民族的古代社会都可以找到影子。

1. 古希腊罗马时期的公共关系活动

政治家的自我宣传活动。古希腊罗马时期的政治家都很重视自我宣传。古罗马独裁者儒略·凯撒，就是一位精通沟通技术的大师，善于对自己的功德、业绩和才能大肆吹捧和赞扬，以争取民众的支持，能登上独裁者的宝座，那本记载着他的功绩的纪实著作《高卢战记》起了很大的作用。古希腊人认为，较强的修辞能力是参与政治过程的基本条件之一，因为政治家与公众之间的桥梁是靠修辞来架筑的，古希腊哲学家亚里士多德在他的经典著作《修辞学》一书中，详细阐述了修辞的艺术，即如何运用语言来影响听众的思想和行为的艺术。这种重视舆论和公众沟通的意识，已带有明显而又不自觉的公共关系倾向。

2. 中国古代早期的公共关系活动

在我国古代社会里，具有公共关系性质的观念和活动，可以从政治、外交、军事、经济和人际交往等领域中看到。

（1）在政治生活中，一些比较开明的帝王、统治者或政治家，已懂得如何运用诱导、劝说、宣传等手段来影响民众的态度和社会舆论，尽可能在民众中树立自己良好的形象，以便巩固和延缓自己的统治或达到特定的政治目的。在中国历史上俯拾即是，不胜枚举。战国时期，君子士大夫手下常有许多幕僚策士，善于四处游说，帮助统治者争取民心。历史上称的"狡兔三窟"，讲的就是战国时期的齐国，冯谖为巩固孟尝君的政治地位，采取"焚券"和"市义"的策略，从而使孟尝君"为相数十年，无纤芥之祸"的公共关系活动策略。可以说，冯谖为孟尝君作了"公关投资"。还有几乎家喻户晓的刘备三顾茅庐，诸葛亮"于是感激，遂许先帝以驱驰"，为汉刘江山"鞠躬尽瘁，死而后已"。诸葛亮七擒七纵孟获，使顽固的孟获终为感动，归顺汉室，成为蜀国的可靠后方。

（2）在古代中国的经济生活中，尤其在商业活动中，人们都自觉不自觉地运用各种传播手段和沟通技巧来宣传自己，树立自己良好的信誉和形象，以便招来顾客和实现自己的经济目标。比如，茶馆、酒店门前挑出一面旗帜，上书"酒"字以招徕顾客，这类似于今天的广告宣传。有的店铺招牌上写着"百年老店"等字样，目的就是让人们知道这家店牌子老，信誉好。近代史上的商业名城广州，类似于今天公共关系的活动更为频繁，也更为典型。广州市民沿习至今的饮茶风俗，最初就是为了适应商业行业间的沟通语言，洽谈生意，协调共同利益的需要形成的。旧日的广州茶楼一直是人们互通信息，洽谈业务，密切同行间关系的重要场所。

（3）在人际关系方面，自觉的公共关系意识和思想也得到一定程度的体现。比如，孔子在《论语》中说："有朋自远方来，不亦乐乎！"以交友为乐，在人际交往中获取信息和知识。再有，孟子提出的"天时不如地利，地利不如人和"。"人和"是指人与人之间的协调关系。

无论在中国，还是在外国的历史上，都可以找到大量类似现代公共关系的思想和活动。但必须强调的是，仅仅是"类似"而已，公共关系作为一种新的社会思想和活动，其源头并不在古代，而在近代的美国。美国19世纪中叶兴起的报刊宣传活动，可以说是公共关系的发端时期，其代表人物是巴纳姆。

（二）巴纳姆时期

19世纪中叶在美国风行的报刊宣传活动，被认为是现代公共关系业的"前身"。当时最有名的代表人物叫巴纳姆，故将这一段时期称为巴纳姆时期。

19世纪上半叶，随着政治的民主化、经济的繁荣、科技水平的提高，美国的大众传播事业得到迅速发展。19世纪30年代，美国报界掀起了一场"便士报"运动，它以低廉的价钱以及通俗和关切大众的内容获得全社会的认可，成为迅速进入千家万户，并使政府部门及各类巨头们不敢忽视，竞相争取的具有重要影响力的社会舆论工具。一些急欲宣传自己的社会组织，为了节省广告费，专门雇用一些人写煽情性新闻和神话，以扩大自己的影响。

当时最有代表性的就是巴纳姆，他的信条"凡宣传皆是好事"而不惜欺骗民众。他是一个马戏团的老板，为达到赚钱的目的利用报刊为自己的马戏团制造出不少神话，如编造了他的马戏团里有一位黑奴，曾在百年前养育过美国第一届总统乔治·华盛顿等神话，以此扩大其马戏团的生意。这种为了赚钱，无中生有，不择手段，不顾公众利益追求宣传效果的做法，这在根本上与公共关系的宗旨背道而驰。有人称之为"公众受愚弄的时期"、"公共关系的黑暗时期"。但作为一个滥用现代传播手段的典型，却对公共关系的产生起了反面的促进作用和影响。

随着经济的发展日益趋于垄断集中，美国少数经济巨头几乎掌握了全美大半的经济命脉。他们采取欺骗，甚至暴力手段，巧取豪夺与广大公众产生极为深刻的矛盾，也引起了新闻界的不满，使社会矛盾日趋激化，于是，新闻界一吐为快，率先掀起一场"清垃圾运动"。他们锋芒所向，直指那些不顾公益私利的不法巨头，以及政府的腐败行为。这一"清垃圾运动"与当时此时彼伏，愈演愈烈的工人罢工运动相互映衬，给那些政治巨头、经济巨头带来极大的冲击。

揭丑运动与罢工运动的冲击，使经济界开始正视新闻与社会公众对企业的发展的重要影响。许多企业开始走出封闭的"象牙塔",修建开放透明的"玻璃屋",增强企业经营的透明度。一些企业还纷纷聘请新闻专家来兼任企业的"新闻代言人",委托他们进行传播沟通活动,增进与新闻界和社会公众的联系,塑造和改善自身在社会大众中的形象,于是公共关系活动日趋频繁和重要。

比如,当时以经营炸药起家的杜邦公司,原先对外采取封锁消息的态度,对于公司发生的爆炸事件,一律不让记者采访报道,甚至在社会上形成了一个可怕的印象:杜邦——杀人。为此,杜邦十分苦恼,对他的一位在报界工作的挚友诉说自己因得不到公众的信任而烦恼不堪。这位报界人士建议他实行"门户开放",遇事干脆让记者将真相告诉大家,这才是制止谣言的最好办法。杜邦接受了他的建议,并请他到公司担任新闻局长,公司改变了原来的做法,不仅对事故进行报道,而且经常注意对社会舆论进行引导。他们的口号是:"化学工业能使生活更美好!"这一努力,矫正了过去各种爆炸事件给杜邦公司造成的坏形象。

"清垃圾运动"的冲击,使工商企业意识到了取悦舆论的重要性。于是杜邦公司这种做法逐渐流行起来了。许多企业开始聘请懂行的人专门从事改善与新闻界关系的工作,这种人被称为"新闻代理人",他们专门为其委托人作宣传,在新闻媒介之间进行游说,经常与报界联系,邀请记者到企业参观采访,或为公司的政策作解释和辩护等。

从此,企业和外界的隔绝消除了,"象牙塔"被"玻璃屋"取代,企业的透明度大大增加。不过,早期的新闻代理活动仍然免不了存在大吹大擂、搪塞了事、混淆视听和隐瞒欺骗的弊端。

此时,有一个人开始致力于改变这种状况。他就是被后人誉为公共关系之父的艾维·李。

(三)艾维·李时期

艾维·李出生于佐治亚洲的一个牧师家庭,毕业于普林斯顿大学。他早期曾任过《纽约时报》等几家报纸和杂志的记者和编辑。1903年,他开办了第一家宣传顾问事务所,成为向客户提供劳务而收取费用的第一个职业公共关系人。正规的公共关系职业即由此发端。该事务所一成立,就生意兴隆,顾客盈门。美国的电报公司,洛克菲勒财团等许多大企业,乃至当时改革派的纽约市长塞恩·洛等,都成为该公司经常的客户。

1906年,艾维·李向新闻界发表了著名的具有里程碑性质的《原则宣言》,全面阐明了他的事务所的宗旨:"我们的宗旨是代表企业单位及公众组织,就对公众有影响且为公众乐闻的课题,向报界和公众提供迅速准确的消息。"这就是所谓企业管理的"门户开放原则"。艾维·李对巴纳姆式宣传活动的局限性,提出了"公众必须迅速被告知"——对公众"讲真话、讲实情"的宣传思想。他认为:一家公司,一个组织要获得好的声誉,就必须把真情告诉公众;如果真情的披露对公司、组织不利,那么就应该调整公司或是组织的行为;企业与其员工和社会关系的紧张摩擦,主要是由于企业管理人员采取保守秘密的做法,妨碍了意见和消息的充分沟通。另一方面,他积极协助企业管理人员改革旧的政策和做法,尤其是改善对待员工和公众的态度。使企业的一言一行,迎合公众和新闻媒介的要求。他先后被多家大公司,如洛克菲勒财团、无烟煤公司、宾州铁路公司等聘请,处理劳资纠纷和社会摩擦,取得了令人瞩目的成效。

在艾维·李的推动下,工商企业开始改变对待公众的态度。部分企业家开始意识到,与公众关系的好坏,直接影响企业的兴衰成败,必须采取门户开放经营态度和方式,与员工和社会保持良好的联系。

艾维·李为公共关系成为一种独立的社会职业作出了贡献。当然，由于时代的局限，艾维·李的咨询指导主要还是凭直感和经验，缺乏对公众舆论的严肃、大量的科学调查。因此，他的公共关系和实践被认为"只有艺术，没有科学"。但无论如何，艾维·李作为公共关系职业的先驱者的地位是无可争议的。

（四）伯尼斯时期

公共关系职业化的发展，促进了公共关系由简单零碎的活动上升为规律性的较系统的原则与方法的探索，使公共关系自立于学科之林，成为一门独立的学科的条件已经成熟，美国学者爱德华·伯尼斯就是公共关系学科化的一名旗手。

出生于维也纳的奥地利裔美国人爱德华·伯尼斯是著名的心理学泰斗佛洛伊德的外甥。1923年，他以教授的身份首次在纽约大学讲授公共关系课程，同年出版了被称为公共关系理论发展史的"第一个里程碑"的专著——《公共舆论的形成》，在书中，伯尼斯首先详尽阐述了"公共关系咨询"这一概念，而且提出了公共关系的原则、实务方法和职业道德守则等。1928年，他写出了《舆论》一书；1953年，他又写出了《公共关系学》教科书。

伯尼斯对公共关系学的贡献在于，他把公共关系学理论从新闻传播领域中分离出来，并对公共关系的原理与方法进行系统的研究，使之系统化、完整化，最终成为一门独立完整的新兴学科。伯尼斯不仅是一位公共关系理论家，同是，又是一位公共关系的实践家。他与妻子合作进行公关咨询，接受过许多位美国总统和实业界巨头的委托，运用公共关系实务成功地帮助他们塑造良好的社会形象。有人评价道："他同公共关系这门学科的发展方向保持一致并且考虑得更深远、更全面。"伯尼斯在理论上作出的贡献，对于公共关系学科的形成和进一步发展具有划时代的、里程碑的意义。

伯尼斯公共关系思想的一个重要特点就是他提出的"投公众所好"的主张。即强调组织应该在确切了解自己的公众需求与利益的基础上进行传播工作，从而使艾维·李的单向提供信息的公共关系模式发展到双向非对称的公共关系模式。

继伯尼斯之后，1937年，雷克斯·哈罗博士在斯坦福大学开设公共关系课程。1947年，波士顿大学成立了第一所公共关系学院，培养公共关系学士及硕士。许多公共关系的论著也相继出版。1952年，美国的卡特利普和森特两人出版了他们权威性的公共关系专著《有效的公共关系》，论述了"双向对称"的公共关系模式，在公共关系的目标上将组织和公众的利益置于同等重要的位置，在方法上坚持组织与公众之间的双向传播与沟通。"双向对称"的公共关系模式提出，成为现代公共关系的重要标志，在理论和实践上把公共关系推向一个新的历史发展阶段。

至此，公共关系正式进入学科化阶段。一门充满时代特征的、具有强大实用性的新兴学科以其崭新的身姿崛起于学科之林。

二、公共关系的发展

20世纪20年代以后，公共关系首先在美国，继而在国际范围内得到迅速发展，成为一种既普遍，又十分重要的热门职业，公共关系学也发展成为一门新兴学科，这不是偶然的，而是有其深刻的政治、社会、经济、文化等多方面的原因。

（一）公共关系在西方

现代公共关系在美国产生后,以其特有的魅力,迅速得到国际上的重视。纵观其发展,有以下特点:

1. 公共关系的范围越来越广,从业人员迅速增加

美国《企业周刊》在 1937 年第一次就公共关系进行调研并提出报告。据统计,当时全美有公共关系顾问公司 250 家,从业人员达 5000 人;到 1960 年,公共关系顾问公司增加到 1350 家,从业人员近 10 万人;迄今,全美职业公共关系从业人员近 15 万人,各种公共关系公司超过 2000 家,每年的公共关系活动耗费达几十亿美元。美国联邦政府也雇用了 12000 多人处理政府日常公共关系事务,每年经费高达 25 亿美元。如今 85% 以上的企业都设有公共关系部门与机构。美国是公共关系的发源地,同时也一直保持了公共关系的领先地位,对各国公共关系事业的发展,一直发挥着重要的影响。

第二次世界大战以后,公共关系随着商品经济的高度发展,社会分工和专业化的推进,日益成为一种现代管理方法和专门职业。公共关系的活动领域,迅速从工商企业扩展到政府机构、社会团体、科教文部门,并向全世界发展。

2. 公共关系学术组织的发展

1948 年,美国全国公共关系协会宣告成立,同时制定了作为行为法规的"公共关系人员职业规范守则"。1955 年,国际公共关系联合会在英国伦敦正式宣告成立。

在 20 世纪 20~30 年代以来,特别是第二次世界大战之后,在美国公共关系热的辐射下,英国、法国、原联邦德国、意大利等西欧各国,以及加拿大、墨西哥、秘鲁以至整个拉丁美洲也引入或兴起了公共关系热。如设立劳资团体,加强劳资对话;为股东、消费者或一般公众发行年度报告或公司刊物;向社会公众开放工厂,注意加强社区联系等。使公共关系,成为企业经营管理活动的重要环节;成为企业家所必须采用的政策和策略及至重要的管理哲学;成为沟通政府、企业、新闻媒介和公众间关系的重要工具。

3. 公共关系教育得到迅速发展

随着公共关系在社会各界的广泛应用和蓬勃发展,公共关系的理论教育也有了长足发展,仅在美国,1955 年就有 28 所院校创设"公共关系专业",招收学士和硕士生,66 所院校开设"公共关系"课程。至 1970 年,已有 100 所院校开设此专业,约有 300 所院校开设此课程。

1968 年,由在校的学生发起成立了"美国公共关系学生协会",当下即拥有 80 多所院校的 3000 多名学生会员。这些人成为美国社会各业从事公共关系活动的一支后备力量。

1977 年进行的一项调查表明,在全美的公共关系从业人员中已有 54% 具有学士学位,29% 的人具有硕士学位。

进入 20 世纪 80 年代以后,公共关系的教育已开始按不同的行业分门别类地进行,各有一套不同的大纲要求,逐步向更细、更深入的领域健步发展。

(二)公共关系在中国

公共关系作为一种全新的思想理论和社会职业,已有 20 多年的历史。20 世纪 80 年代初,随着对外开放,公共关系首先作为一种新的经营管理方法和技术,由南向北,从东到西,在中国迅速传播。虽然中国当代公共关系事业起步较晚,但它一旦萌发,就立即受到人们的普遍重视,得到较快的发展。概括地讲,20 多年来我国内地公共关系事业的发展成就主要表现在以下几个方面:

（1）我国的公共关系实务得到了较快的发展。由于东南沿海地区经济比较发达，加之它又是我国对外开放的窗口，所以公共关系在我国的传播与发展也就呈现出由南向北和由东向西的发展格局。我国当代的公共关系最初发端于沿海地区的宾馆、饭店和旅游业。最早在深圳和广州，一些中外合资企业，特别是合资的宾馆、饭店，出于工作的需要，率先依照国外现代企业的模式设立了公共关系机构，开展企业的公共关系业务，继深圳、广州之后，北京、上海等地的一些中外合资或独资的宾馆、饭店，也都相继设立了公共关系部门。因此，从一定意义上说，开创我国当代公共关系事业的排头兵是国内一批具有较高管理和经营水平的宾馆和饭店。

正是这些宾馆、旅游业卓有成效的公共关系活动对企业的生存和发展显示出巨大的促进作用，不久，公共关系也开始为一些国营大中型企业所重视和采用。1984年，广州白云山制药厂率先在国营企业中设立公共关系部。该厂在开展公共关系实务方面进行了有效而大胆的尝试，为我国企业公共关系实务活动积累了宝贵的经验。这是我国公共关系事业发展过程的一个重要的突破。

20世纪80年代中期以后，不仅一大批大型企业先后设立了公共关系部，而且一些较先进的中小企业也设立了自己的公共关系机构，开展了卓有成效的公共关系工作。还有许多企业，虽然没有设立专门的机构，但却增强了公共关系意识，采取了切实可行的公共关系措施，开展各种富有特色的公共关系活动，为寻求中国公共关系实务活动的最佳途径和方法积累了宝贵的经验。

从此，我国的公共关系事业进入了一个蓬勃发展的新时期。自1984年至今的20多年时间里，公共关系不仅开始从服务行业进入了各种形式的企业和经济实体，诸如社会团体、科研机构、机关、学校甚至军队和党政部门，都越来越重视并运用公共关系手段来保障和促进自身的发展。

与此同时，中国的公共关系市场逐渐形成，各种专业的公共关系公司相继发展起来。1984年10月，美国最大的公共关系公司"希尔——诺顿"公司在北京设立办事处，成为第一家进入中国市场的外国公司。1986年，世界上最大的公共关系公司之一的"博雅公司"与中国新华社下属的中国新闻发展公司签订协议，共同为在中国的外国机构提供公共关系服务，这样"中国环球公共关系公司"作为我国第一家公共关系公司宣告成立。随后各种公共关系专业公司像雨后春笋般发展起来，许多广告公司也纷纷开拓公共关系业务。

（2）我国公共关系人员的教育培训已初具规模，并逐渐向规范化和系统化的正规职业教育和学历教育过渡。这是因为，公共关系实务在我国的进一步发展，客观上要求提高公共关系的专业水平，要达到目的，就必须提高公共关系工作人员的素质和水平，因而，就必须重视公共关系的教育和培训工作。

1985年以来，全国各地分别采取不同的形式，开展了丰富多样的公共关系教育培训工作，培养出不同层次和多种类型的公共关系人才，为我国公共关系事业的健康顺利发展作出了重大贡献。具体来说，我国公共关系教育培训具有如下特点和发展趋势：

首先，在公共关系传入初期，主要采取短期培训的方式，使很多从业人员了解和掌握了公共关系的基本知识。1985年1月，深圳市总工会最先开办了公共关系专业培训班。同年4月，北京师范大学开设了公共关系讲座。从1985年起，国内的大学开始设置公共关系学课程和专业。此后几年间，全国各地的大专院校、企事业单位以及各种社会团体，都相继在不同地区和不同范围举办了各种形式的培训班。

其次，我国公共关系的科学研究也进入了一个繁荣发展的新时期。20世纪80年代中后期，随着我国公共关系实践和教育事业的迅速发展，一大批学者开始结合中国政治、经济和思想文化的特点来探索中国公共关系的一些重大理论问题，从而在我国理论界掀起了一股研究公共关系的热潮。在短短的20多年里，各种公共关系学教材、著作和论文相继出版。

再次，随着公共关系的研究、教学和实务工作的广泛开展，各种公共关系学术团体和行业协会也纷纷成立。1985年，中山大学在广州成立了我国第一个公共关系协会。1987年，经国家有关部门批准，中国公共关系协会在北京成立，这标志着公共关系在国内得到正式的确认和接受。此后，各省、市均相继成立了公共关系协会。到目前为此，从事公共关系的机构已遍及全国，从业人员已达到10万人以上，省市级公共关系协会也已有上百家，加上高等院校从事公共关系教学和研究的人员，中国的公共关系呈现出一派欣欣向荣的景象。

国家劳动和社会保障部为适应发展的需要，于1997年11月成立了公共关系职业审定委员会，先后在北京、上海等地举行了职业论证研讨会和座谈会，取得了重要成果：一是为公关职业定下了"公关员"的名称，并正式列入了《中国职业大典》，标志着国家已正式承认公共关系这一职业。二是制定了公关人员的国家职业标准和考核规范。1999年初，经劳动和社会保障部正式批示，成立了国家职业资格工作委员会公关专业委员会，已在全国20家单位设立了职业培训点，2000年在全国推开公关员的职业上岗考试，它标志着我国的公共关系已开始走向职业化和行业化的道路。

总之，随着改革开放的不断深入，我国的公共关系事业无论在实务方面、理论研究方面还是培训教育，都取得了重大进展，公共关系在我国社会生活中发挥着越来越大的作用，成为推动我国现代化发展的动力。

第二节 公共关系产生的社会条件

公共关系产生于20世纪的资本主义国家，这不是偶然的，而是当时文化、政治、经济和技术等诸多方面历史条件综合作用的结果。

一、文化条件——由"理性"转向"人性"

美国是一个文化根基很浅的由移民组成的新大陆。美国文化体系中有三个突出的特性：个人主义、英雄主义、理性主义。个人主义使美国富于自由浪漫的色彩；英雄主义使美国人崇拜巨人伟人，富于竞争精神；理性主义使他们注重严密的法规，崇尚教条、数据和实效。管理科学的鼻祖泰罗的思想及其制度，便是理性主义的典型代表。泰罗制的核心是通过"时间和动作分析"，强调对一切作业活动的计量定额，强调严格的操作程序，甚至连手足动作幅度、次数等都要计算限定，"人是机器"是这一时期最典型的代表性口号。它将人视为机器的一部分，颠倒了人与机器的关系，使手段异为目的。这种机械唯理主义的管理，虽然短期内取得了显赫的高效率，但同时也促使阶级矛盾的日益尖锐激化，孕育着社会危机与动荡不安，也孕育着社会文化意识的嬗变。正是在严峻的现实面前，人们逐渐意识到纯理性主义的局限，人文主义重新抬头，在管理中注重人性、注重个人的文化观念迅速地获得人们的认同。20世纪20年代哈佛大学教授梅耶在著名的"霍桑实验"中提出了"人际关系论"、"行为科学",便是人性文化逐渐抬头的有力体现。此外,大众传播的发展、社会化大生产的发展,也对尊重个人隐私而又互不相关、过于狭隘的美国传统文化形成冲击,使社会生活、社会交往更趋开明化、开放化。这种尊重人性的、尊重个人感情和尊严的、人文的、开放的文化,正是公共关系得以滋生及成长的土壤。

二、社会政治条件——民主政治取代专制政治

在资本主义之前的自然经济社会,广大民众自然分散,进行自给自足的生产。由于社会化程度低,社会联系松散,缺乏统一组织,共同意识薄弱,民众的政治参与程度很低。加上严厉的封建专制和独裁统治,使民众百姓成了"百依百顺,逆来顺受"的"顺民",官民之间,上下级之间只有绝对服从的关系,社会政治生活的特征表现为"民怕官"。在这种统治者依靠高压政策、愚弄政策来实施统治的专治政治条件下,是决无公共关系可言的。

资本主义以民主政治取代封建专制,尽管这种民主有其局限性,但在历史上仍是一大进步。在民主政治条件下,社会民众的公民意识、民主意识日益提高,有统一组织的社会公众越来越强烈要求了解和参与政治生活,对政治运作的影响力也越来越大。于是,民众逐渐觉醒,并自觉团结起来,组织起来,成为政治生活中不可忽视的政治力量。政治运动促进了资本主义工业社会民主政治的发展。民主政治必须体现大多数人的意愿,满足了大多数人的要求。这就需要相应的民主制度来保证。这主要是通过代议制、约税制和选举制来实现的。代议制是由各种利益集团推选出自己的代表进行公共事务的决策与管理,促使民众关注与参与公共政治的动力,则主要来自经济上的"纳税制"和政治上的"选举制"这两种民主化制度。正是由于代议制的民主政治在经济上靠纳税来支持,政治上靠选举制来保障,这就使得当权者不得不注意与社会各界公众搞好关系,重视舆情民意,接受公众的监督,甚至千方百计地取悦选民和纳税者,惟有这样,方能赢得选票,争得民心,保住官位。为此,必须努力通过传播媒介来促进沟通及对话交流。在这种民主政治的社会氛围中,其政治生活的特征表现为"官怕民"。政府机关、社会公共组织与其公众之间,除了服从以外,还有民主协商、民主监督。民主政治取代专制政治,必然促进公共关系的产生。

三、经济条件——市场经济取代小农经济

在封建社会里,其经济模式是自给自足的小农经济。这种狭隘、固定封闭的经济活动方式不可能产生公共关系。直至资本主义前期,大工业尚不十分发达,受经济水平的限制,人们的社会联系仍是相当狭隘的。

20世纪初,美国的社会环境、政治环境已趋于安定,经济发展速度迅速提高,大工业的商品经济方式突破了时空与血亲的局限,重新形成了以市场为轴心的极广泛的社会分工协作,反过来又促进了商品经济的快速发展。

市场形式经历了由"卖方市场"向"买方市场"的逐步转变。正是在"买方市场"形式这种商品经济的温床中,公共关系才得以产生并越来越显得重要。但随着生产力的提高,产品供给日益充分,市场供求关系发生了根本变化。消费者具有更多的优势,可以根据销售者的产品质量、价格、服务以及人情关系等条件,灵活地决定向哪一个"卖家"去购买所需产品。而销售者则须竭力在以上这些方面讨好或优惠消费者,努力同消费者发展

交换之外的感情关系,从而形成了以消费者为中心的"买方市场"。在买方市场条件下,必须通过发展良好的相互感情关系才能更有效地维护交换关系,维持市场发展。因此,搞好公共关系,增进感情与相互理解,提高组织声誉就越来越迫切与重要。

此外,随着消费水平的提高,公众的需求多样化,选择性越来越强。因此,生产者、销售者必须对消费者多样的、多变的选择需求有及时、深入而全面的了解与掌握,以便能提供适销对路的商品,这就需要通过公共关系工作来实现。而随着市场经济的深入发展,也促使社会分工向着更高的专业化程度方向演化与发展,带来了更加广泛深入的社会分工,从而也就要求工商组织要积极增加横向经济联系,用相互合作、平等互利的良好横向网状关系来推动自身的发展。这些社会现实,都十分迫切地需要公共关系。在市场经济的背景下,能否争取市场、争取顾客、争取公众支持,成了企业生死攸关的问题,这就直接促进了公共关系的兴起。

四、技术条件——大众传播超越个体传播

在自然经济社会中,经济水平不发达,科技水平落后。落后的经济生产与科技水平,只能产生落后的交往沟通工具。而由于受落后沟通传播手段的限制,社会公众交往的广度和深度是极其有限的。哪怕是位极人臣的帝王,要传播谕令与信息,充其量也不过是"烽火报讯"和"快马加鞭"而已。这种极为简陋落后的传播方式不仅传播速度极慢,传播范围相当狭小,而且信息失真率极高。

而在资本主义大工业时代,日益精细的社会化大分工,使人们之间、组织之间的纵横关系与相互沟通依赖日趋重要并日趋加强,成为社会组织生存发展的基本条件。各种形式的传播沟通技术与理论也就在这样的社会背景下迅速发展起来了。印刷技术日益普及与提高,报刊媒介遍及千家万户;电子技术不断进步,更带来广播、电影、电话、电视等电子传播媒介的普及;在微电脑、人造通讯卫星全球普及的现代信息社会,具有极高传播广度、速度、深度及高保真度且费用低廉的传媒迅猛发展,世界日益成为"天涯若比邻的地球村"。瞬息万变的信息也就"瞬时可悉"。各种大众传媒的迅速而广泛的发展,"地球村"的出现,为人们进行大规模的交往提供了可能性,并为公共关系的产生提供了必要的技术与方法。

综上所述,正是由于20世纪初人性文化的兴起,民主政治的深入发展,市场经济的高度发达和大众传播技术的日趋普及与提高等诸方面因素的滋生与促成,才使公共关系学这门崭新的学科脱颖而出,以令人耳目一新的崭新面貌自立于新学科之林。

复习思考题

1. 在中国古代社会的政治思想中有哪些观念具有公共关系的色彩?
2. 现代公共关系的发展经历了哪几个阶段?各个历史阶段的主要特点是什么?
3. 现代公共关系产生和发展必须具备哪些条件?
4. 在公共关系发展史上,艾维·李的主要贡献是什么?
5. 我国公共关系发展有何特点?

第三章 公共关系机构和人员

公共关系活动是由公共关系的主体、客体和传播三大基本要素构成，公共关系主体是执行公共关系任务，实现公共关系功能的载体和行为者，即各类社会组织。公共关系作为一项经常性工作，日益职能化，因此，在社会组织中就分化出了专门的公共关系机构和人员。一切公共关系工作的成功，均有赖于公共关系机构的健全和公共关系人员的良好素质。本章主要介绍公共关系的组织机构和公共关系人员的素质与培养。

第一节 公共关系的组织机构

公共关系机构是指设置在组织内部的专门负责处理公共关系工作的一个职能部门。根据公共关系实践的历史与现状，目前专门从事公共关系工作的组织机构可分为三种类型，即公共关系社团、公共关系部和公共关系公司。

一、公共关系社团

公共关系社团泛指社会上自发组织起来的、非营利性的从事公共关系理论研究和实务活动的群众组织或社会团体。

（一）公共关系社团的类型

就我国公共关系社团的现状而言，主要可以概括为以下几种类型：

1. 综合型社团

这种类型社团主要是指不同地域范围的公关协会，如中国国际公共关系协会、中国公共关系协会、各地方的公共关系协会等。这类社团大多数是自筹活动资金，也有的是民办官（政府部门）助。服务、指导、协调、监督是其主要职能。

2. 联谊型社团

这种类型社团组织形式松散，一般无固定的活动方式，无严密的组织机构，无严格的会员规章条例。组织名称各不相同，如"公共关系联谊会"、"PR同学会"、"公共关系沙龙"等。主要作用是在成员之间沟通信息，联络感情，以建立良好的人际关系。

3. 学术型社团

这种类型社团主要包括公共关系学会、研究会、研究所等学术团体。主要工作是举办各种理论研讨会、学术交流会、总结公关经验，研究公关发展动态和理论问题，预测公关的发展趋势，从而有效地对公关实践活动进行理论指导。

4. 行业型社团

这种类型社团是一种行业性公共关系组织。由于各行业存在差异，其公关工作的特点也不尽相同，因此，公关活动和组织的行业化在国际上已经成为一种发展趋势。目前，我国一些部门、行业也成立了类似的组织。这类公关社团在组织上保证了公关事业在某一行业的深入发展，是一种很有潜力、大有发展前途的公关社团组织形式。

5. 媒介型社团

这种类型社团是通过创办报纸、刊物等传播媒介，并以此为依托而组建起来的。这类公关社团直接利用媒介，探讨公关理论，交流公关经验，普及公关知识，传播公关信息，树立公关形象。

（二）公共关系社团的工作内容

公共关系社团所从事的工作，主要包括以下内容：

1. 联络会员

公共关系社团既要与自己的会员建立经常性的联系，又要与其他公关社团建立横向联系，形成网络系统，建立广泛的合作关系。组织各级公关组织和公关工作者，开展学术经验交流，研究公关理论与实践，推动公关事业的发展。

2. 制定规范

制定、宣传公共关系从业人员职业道德和行为准则，并检查执行情况是公关社团的一项基础性工作，也是衡量公关社团正规化的重要标准。世界各国的公关社团都非常重视会员的职业道德行为。

3. 咨询服务

公关社团的重要工作内容就是为社会提供良好的咨询服务，为社会组织排忧解难，以推动整个社会经济的健康发展。

4. 人才培训

对专业人才的培训是公关社团的一项经常性工作。通过培训提高公关人员的素质与专业水平。有的公关社团本身就是一所培训学校。

5. 普及公关知识

向社会推广、普及公关知识，树立公众的公关意识，也是公关社团的一项工作。公关社团有义务向公众宣传和介绍公关基本知识，并为社团成员和公众提供公关技巧和管理方面深造的机会，以推动整个社会公关事业的发展。

6. 编辑出版公关读物

编辑出版公关读物，是公关社团的一项工作内容。公共关系方面的报刊、书籍的编辑出版，是宣传公关知识的重要手段。在我国主要有《公共关系》杂志、《公共关系》导报等，目前我国公共关系报刊已达数十种。

二、公共关系部

公共关系部是指组织内部针对一定的目标为开展公共关系工作而设置的专门职能机构。组织内部设立公共关系机构已在国际上广泛推行，但其名称并不统一，有的叫公共事务部，公关信息部，社区关系部等名称。

公共关系部的组建，是由组织自身状况和公众特点，以及组织与公众之间联系的状况所决定的。设置公共关系部是有效地开展公共关系工作的组织保证，旨在筑起组织与公众之间感情的桥梁和沟通渠道，以便在公众中树立良好的形象。

（一）公共关系部在组织中的地位和职能

公共关系部的工作影响到组织的信誉和形象，关系到组织上下、内外的信息交流，关系到组织近期和远期的利益，同时也关系到组织在社会整体中的地位与作用。因此，公共关系部在组织中既是组织的管理职能部门，又是组织的决策参与部门。公共关系部在组织中的地位和职能主要表现在以下几个方面：

1. 公共关系部是组织的信息情报部

公共关系的首要职能便是采集信息。通过对有关组织的生存和发展的信息搜集和整理，以便及时了解现状，预测趋势和适应变化。公共关系部着重建立广泛的社会关系，通畅的信息网络系统，起到了组织的"耳目"作用。

2. 公共关系部是组织的决策参谋部

公共关系工作关系到组织的信誉和形象，关系到与内外公众的沟通，关系到组织战略目标的实现，它是组织的"智囊团"、"思想库"，它不是一线指挥和最后决策的部门，而是在采集、整理和分析信息的基础上，提供可供选择的决策方案，协助决策层进行决策。

3. 公共关系部是组织的宣传部和外交部

一个组织要获得公众的理解和信任，取得公众的支持和合作，就必须不断地向公众宣传组织的政策，了解组织的行为，增强组织的透明度。随着组织与外界交往的频繁，各种矛盾和纠纷也会随之增多，公共关系部必须及时而有效地进行沟通协调，保证组织有个良好的外部环境。因此，公共关系部堪称为组织的"喉舌"和"外交官"。有战略眼光的领导，应该亲自管理组织公共关系业务。因为，公共关系的好坏，关系到组织的整体形象，作为一个组织的领导，应该直接对此负责。

（二）公共关系部的一般模式

了解公共关系部在整个组织体系中的位置以后，还需要进一步了解公共关系部的机构本身的组织结构。按公共关系部的结构类型和组织方式，公共关系部的模式有多种多样，这里仅介绍几种常见类型：

1. 职能型

这是按公共关系职能分类所建立起来的公共关系部。这种机构的特点是，各职能部门都配有通晓专业的人员，运用专门知识处理公共关系活动中所遇到的各类问题，为领导决策层提供咨询，以适应复杂环境和大型组织管理的需要。其结构如图3-1所示。

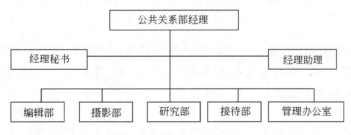

图3-1 职能型公共关系部

2. 过程型

这是按公共关系工作过程分类组建的公共关系部。其特点是，各职能部门的工作内容专业化，工作范围集中，方便经验积累，有利于提高公共关系效果。但这类机构整体性较差，如果协调不好，容易造成相互推诿、互相扯皮，最终影响到公共关系效果。其结构如图3-2所示。

3. 公众型

这是以不同的公众为对象，分别设立相应的工作对象作为机构的公共关系部。例如职

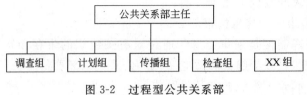

图 3-2 过程型公共关系部

工关系组、新闻媒介组、社区关系组等。其优点是，能熟悉自己的工作对象，了解公众的需要和反应，以便有针对性地进行工作。其结构如图 3-3 所示。

图 3-3 公众型公共关系部

4．直属型

这是由组织最高领导人兼任，体现出其地位和层次的公共关系部。前三种模式都有归属不明的缺点，公共关系部缺乏必要的权威性。直属型的公共关系部模式被认为"理想型模式"。如图 3-4 所示。

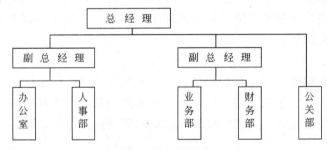

图 3-4 直属型公共关系部

任何组织结构都应该依据一定的职能关系来设置。所突出的职能不同，组织结构就不同，不可能千篇一律。因此，公共关系部下设科、室、组均可，无固定模式。公共关系部也可以按照实际需要来设置，不借助任何模式。

（三）公共关系部的分工

与公共关系组织内部结构相联系的问题就是公共关系人员的内部分工。一般公共关系部应配备两类人员，一类是从事调查研究，分析判断，规划审核的人员；另一类是所谓行动人员。第一类人员应具有科学调查（如抽样调查）的知识，较高分析问题的能力，较高的政策水平，较宽的视野和战略眼光。第二类人员包括那些宣传资料设计者，接待人员，组织内部刊物的编辑人员等。

公共关系内部分工依据就是本单位的公共关系的工作对象和主要职能。一个单位的工作对象有很多，重要的关系对象如股东关系、政府关系、顾客关系等应有专人负责。公共关系内部业务多而杂，较专门或复杂的业务、技术，如美工、摄影也需设专人负责。有些关系工作量大，如旅游服务部门的宾客关系工作量大，可设几人负责，而另一些关系如政府关系、新闻界关系和社区关系等，又可由一人兼管。如果偏重于交际业务，就需多设几位接待人员和谈判人员。如偏重于传播，就需要有专门的写作、编辑、印刷、设计人员。大的公共关系组织，内部分工可以比较细，而公共关系机构需要的工作人员应是多面手，要视具体的公共关系对象和主要职能，以及工作的繁简来决定公共关系的内部分工。

公共关系的职能分工大致可以划分为内部关系、外部关系和专业技术三个方面。

1. 内部关系

内部关系主要负责员工关系、部门关系、干群关系、股东关系等。这些关系需要配合经理部门、财务部门特别是人事部门、工会等组织去协助处理。主要是运用公共关系的专门技术。如编制公司刊物、年度报告，组织股东年会，进行员工调查等，进而增强员工的归属感。

2. 外部关系

外部关系主要负责顾客关系、政府关系、媒介关系等。这些关系应设专人或较固定的人负责，有利于组织关系网络的稳定发展。

3. 专业技术组

公共关系的许多方法和技术都专门化了，因此可根据所采用的手段和技巧进行分工。大致来说包括计划和决策，文字写作，新闻发布，信息搜集，专题活动与接待，编辑印刷，广告业务，美工与摄影，谈判与演讲等分工。这些工作可以根据其工作量的大小来确定分工。

在组织中，公共关系部与其他职能部门是互相促进、互相协作的关系。公共关系部在组织中的地位与作用，是其他职能部门所难以代替的，但是公共关系部的各项工作却必须要有其他有关部门的密切配合，彼此之间既有不同的分工，又要很好的合作，只有这样，公共关系计划才能充分而顺利地实施。例如：公共关系部要处理好内部员工关系，就必须得到工会、人事部的支持；要向公众宣传本组织的形象，离不开广告和宣传部门的支持；要推销产品，服务公众，离不开销售部门的协作；公共关系部的活动经费在编制预算时，既要征求财务部门的意见，又要与财务部通力合作，求得财务部的理解和支持。

三、公共关系公司

公共关系公司是由具有一定特长的专家组成，专门从事公共关系咨询或受理委托为客户开展公共关系活动的社会服务性机构。随着经济的发展，近年来在我国许多地方都成立了公共关系公司。公共关系公司与一个特定组织的公共关系部的不同在于：公共关系公司对所有征求公共关系咨询和服务的客户负责，公共关系部只是为实现本组织的目标而工作。下面就公共关系公司的类型、机构和业务范围等三方面作简单的介绍。

（一）公共关系公司的类型

各种各样的公共关系公司很多，根据不同标准作如下划分：

1. 按业务内容划分有专项业务服务公司、专门业务服务公司、综合服务咨询公司三种

（1）专项业务服务公司是专门为客户提供某种公关技术服务的公司。公司以各种专业人才、技术和设备，为客户提供单项的公关业务服务。例如为客户设计各种宣传资料，承担调查任务，设计广告等。这种公司规模一般较大，而服务内容却灵活多样。

（2）专门业务服务公司是为特定行业提供公关服务的公司。例如，专为工商企业服

务，维护企业合法的和良好形象的公共关系公司；专为工商企业提供金融方面服务，保护企业正常权利的金融公共关系公司等。

（3）综合服务咨询公司是以分类公共关系专家和公共关系技术专家来保证和适应多行业、多职能、全过程的外部公共关系需要。例如，美国博雅国际公共关系公司，其服务项目是收集信息、广告设计、制作电视新闻、提供咨询、同政界新闻代理人建立联系等。

2．按经营方式划分有合作型和独立型两种

（1）合作型。这类公司是与广告公司或公共关系部等合作经营的公司。比如，美国十大公共关系公司中有六家是广告公司的分公司或一个部门。20世纪70年代以来，合作经营已成为国际上的一种趋势。

（2）独立型。这类公司坚持自身经营独立性。不论经营单项、专项、多项或综合等业务，都不用与他人合作。

（二）公共关系公司的组织机构

公共关系公司的组织机构没有固定模式。从工作范围看，有属于某个地域的小公司，也有跨地区、跨国度的大公司；从业务内容看，有承担单项业务的公司、也有能承担多项业务的公司；从人员组成看，有几个人的小型公司、有几十人的中型公司、还有几百人的大型公司。据美国20世纪70年代调查，小型公司的人员平均为6人以下，中型公司为7~25人，大型公司为25人以上，如伟达这类公共关系公司，人员达数百人。凡是具备一定规模的公共关系公司，机构内部都有明确的分工。

（1）总经理、副总经理、业务经理组成决策班子。总经理在副总经理的协助下总揽全局，业务经理主要负责具体实施受托服务的项目。

（2）根据公司的业务特色，设置若干专业部门。一般情况下，业务部门不对外承揽业务，只根据业务负责人的具体归口管理内容开展工作。业务经理既可请新闻部门专家出面办记者招待会，又可请宣传部门专家编印对外宣传刊物，还可同时为委托人承办多个服务项目。

（3）针对业务部门的实际情况，可成立专门的审计管理部，以确保业务部门的有效性和经费开支的合理性。

（三）公共关系的业务范围及工作方式

1．公共关系的业务范围

公共关系公司的业务有两个方面：一是咨询业务，根据客户的要求，公司提供专家式的咨询；二是代理业务，公共关系公司作为客户的代理者，协助客户开展公共关系活动。具体工作业务是：

（1）分析确立目标。协助委托人确立公关目标；开展调查研究，为客户改变失调状态提供改进办法。

（2）制定实施计划。根据已确定公共关系目标要求，针对存在问题，制定切实可行的公共关系计划，并运用自己的专长，协助委托人实施公共关系计划。

（3）培训人员。为委托人培训公共关系人才，提高公共关系部的业务水平和工作能力。

（4）协助委托人编制公共关系预算，评估公共关系计划的实施效果。

（5）协助委托人开展内部公共关系工作。

(6)协助客户处理突发事件，消除不良影响。

2. 公共关系公司的工作方式

(1)向委托人提供公关咨询。帮助委托者解决公共关系过程中遇到的疑难问题，或提供决策参考根据。

(2)短期服务。短期内为客户完成某项公共关系工作，如展览会，庆典会等。

(3)长期服务。为客户长期进行综合性的公共关系服务，负责客户的全部的公共关系工作。服务期限可以是一年或数年。

(四)利用公共关系公司的原则

我们必须看到，长处和短处、优势和劣势都是相对而言的，公共关系部的长处正是专门的公共关系公司的短处，反过来，公共关系公司的优势正是公共关系部的劣势。由此看来，公共关系部和公共关系公司都是不可缺少的，一个组织应该学会充分地、恰到好处地运用两种不同的服务，以满足自己的需要。因此我们在外聘公共关系公司时应取长补短，一般原则如下：

(1)要根据本单位特殊需要选择恰当的顾问，除了其专业知识外，还要注意其品德。

(2)选准了顾问，就应当信任，不然就不可能有真诚的合作。

(3)除非涉及机密，否则，应无保留地为外聘公共关系顾问提供完整的资料和活动方便。不应当随便干预顾问的活动。

(4)要与外聘顾问保持良好的接触和联系，和谐的双方关系是开展工作的基础。

(5)要虚心听取顾问提出的意见和建议，特别是反对的意见。对不予采纳的意见要详细说明理由。

第二节　公共关系人员的素质与培养

公共关系是一门知识性、技术性和艺术性很强的工作，它融合了各门社会科学如新闻传播学、心理学、动作语言学以及经济管理科学等知识。因此，对公共关系职业人员的条件和学识要求很高，要想成为一名理想的公共关系人员，应该具备很高的素质，而对人员进行培训是提高公共关系从业人员整体素质的主要途径。

一、公共关系人员的素质

公共关系人员，是指在一定组织中从事公共关系工作的专职人员，包括从事公共关系理论研究，教学活动和实务工作的人员。公共关系人员是公共关系活动的主体核心，其素质如何直接关系到公共关系的成败。因此，研究和培养公共关系人员的素质十分重要。

公共关系人员的素质，是指公共关系人员在运用各种传播媒介，实现增强组织机构的生存能力和在公众心目中树立良好形象的目标过程中，所表现出来的知识、个性、作风、素养等基本品质，也就是决定公共关系人员从事各种活动能力的各个内在因素的总和。这些素质并不是一成不变地固定在某一水平上，而是处于动态的不断发展变化之中。因此，素质的培养应该在考虑原有因素(基础教育)的基础上，应进一步给予有选择、有目标、分阶段的努力和发展。

由于公共关系人员是以整个社会作为自己的活动舞台，因此所需具备的基本素质和基本技能也是多方面的。

（一）公共关系人员的基本素质

对于公共关系人员而言，素质要求是非常高的，既要有先见之明，还要有创造奇迹之才。无论是从个性、品德、智慧、教育等都有一些基本要求。

1. 具有吸引人的个性

什么样的个性才能吸引人？男性的风度可以吸引女性，女性的气质可以吸引男性，这似乎带有某种普遍性。此外，热情、机智幽默、懂礼貌、识大体等个性一般都能获得他人的好感。比如，一个人只有热情待人，才能指望宾客盈门；一个人懂礼貌、识大体，才能受到人们的尊重；懂得幽默的人在处理复杂关系和繁琐的事务中容易保持心态的平衡，并提高在交际场合中随机应变的能力。公共关系人员具备某些吸引人的个性，常会起到意想不到的公关效果。

2. 真诚老实

品德方面最重要的是真诚老实。公共关系人员是与人打交道的，不是个人与个人打交道，而往往是直接代表所服务的组织机构的人，其地位比其他职员重要。因此，真诚老实的为人就显得特别重要了。公共关系人员的品行稍有不端，不仅会损害公共利益，还会加害于自己所代表的组织。美国公共关系协会通过的公共关系职业准则几乎全部条文都是在谈"真诚老实"的问题，其他的准则条款也是围绕这一基本思想展开的。

3. 思想政策水平

公共关系人员的思想政策水平决定着他的公共关系工作的质量。公共关系人员必须善于学习、善于分析、善于判断。他的手中应掌握大量的信息，并能从纷繁的信息中理出经纬来。一个思想糊涂、政策观念淡薄的人很难把握公共关系的时机，更不能向组织领导提供高质量的政策咨询。不能以为公共关系人员是摇摇笔杆子、磨磨嘴皮子、只懂实务、只搞技术、没有思想的人，其实对公共关系人员来说最重要的还是他的思想、他的政策水平。

4. 良好的教育和较高的知识修养

由于公共关系人员需同各行各业，各种公众、各色人等打交道，因此必须经过良好的教育并具有丰富的知识，这是公共关系人员涵养的基础。公共关系人员需要学习的知识可以说是多种多样的，如经营管理学、新闻传播学、社会学、心理学、市场学、广告学、政治学、经济学、法律学、公共政策学、哲学、伦理学、历史学、统计学、以及外语、演说、写作、编辑等知识。知识广博，多才多艺是公共关系人员开展公共关系工作的资本。

5. 足智多谋的智慧

公共关系的复杂多变性，要求公共关系人员应该有很高的智慧，遇事能进行冷静的思考，逻辑思维能力和分析能力都很强，能对问题作出正确的判断和决策。公共关系工作是有计划有步骤的活动，公共关系人员依据对形式的了解和分析，向主管部门提出意见和计划，有时也直接参与最高管理层的决策过程。所以，公共关系专家被称为20世纪的军师，应能足智多谋地为一个组织出谋划策，同时还能了解和接触各种不同类型的人。

6. 对新事物、新情况的敏感性

就这一点而言，对公共关系人员的要求与对新闻记者的要求是一样的。新闻记者必须具有对新事物、新情况的敏感性。公共关系人员则必须具备公共关系敏感性，他对组织所处环境的嗅觉特别敏感，能从普通的资料和数据中看出趋势，从平凡的现象中看出危机，他对任何微妙的变化都能及时察觉出来。一般人读报只是为了了解新闻,公共关系人员读报读出新闻背后的信息,要读出趋势,读出对自己的组织生死攸关的信号,这就是我们说的公共关系敏感性。

市场经济必将形成各种经济组织相互竞争的局面。知己知彼方能百战百胜。公共关系人员及时捕捉信息、窥测竞争方向,惟其如此才能使自己的组织不失时机地采取对策,采取应付措施,立于不败之地。可见公共关系人员的敏感性是不可缺少的。

7. 富有想像力和创造性

公共关系人员是组织与公众的中介者,一方面他要向组织的决策层报告关于公众和组织环境的信息,另一方面他又要向公众传达关于组织活动的各种信息。但他决不能做"传声筒"。他应该以自己的想像和创造性来影响组织的决策层,来感染公众。只有这样,公共关系人员作为中介者的主体意识才能充分体现,他的工作才能充满活力。

8. 丰富的经验

公共关系人员除了新闻传播工作的经验外,下述方面的工作经验同样对公共关系人员有益处:演讲家、教师工作、政府部门、广告部门、旅游服务行业、社会团体或社会福利部门、工商企业管理部门、商业销售部门、思想工作部门、金融界等部门的经验,都有助于公共关系的工作。

9. 自身形象的塑造

相貌丑陋的人固然不宜当公共关系人员,但"奶油小生"、打扮妖艳的女郎也不会讨人喜欢。公共关系人员——特别是那些负责会客的人员——应该衣冠整洁、举止大方,一言一行都要表现出积极、认真、向上的精神面貌。公共关系是一种塑造组织形象的职业,公共关系人员自身的形象应该首先塑造好。

(二)公共关系人员的基本技能

公共关系学是一门应用性、实践性很强的学科。作为一个公共关系人员除了应具备以上基本素质外,还应具备以下一些技能。

1. 组织领导能力

组织领导的能力包括:组织一个可靠的团体或单位的能力;做计划、决策的能力;搜集、评价和整理有关信息的能力;选择方案作出决策的能力;分授职权并下达命令的能力;控制过程并考核工作成效的能力;指挥、领导下属完成任务的能力;协调人际冲突的能力;随机应变的能力等。

2. 表达能力

表达能力包括文字表达能力和口头表达能力。能写会说是公共关系人员的两项基本传播技巧。

具体表现:善于将自身的意图、公众的意见、客户的要求准确无误而又婉转有效地传递给有关的对象;能通过精彩而严密的演说,把组织的宗旨等有关信息准确地传递给公众;能通过合情合理、有理有据的谈判,使某类对象愉快地转变自己的立场,放弃自己的见解,有较强的编写、制作文字和新闻材料的技巧,以及公关写作能力。

3. 社交能力

搞公共关系必须具有与各种人打交道的能力。美国《商业月刊》对美国的237家大企业的总经理进行调查后指出,美国企业界对其负责人的第一条要求,就是能在企业内外搞好关系，企业领导人应该像国会议员那样善于与人交往，公共关系人员作为企业组织的外交家，无疑应该具备社会交际的能力。交际能力往往是其他各种能力的综合，好的表达能力、组织能力、应变能力、逻辑思维能力等。

在社会交际中，公共关系人员所接触的人很复杂、很广泛，他们的国籍、籍贯、性别、地域、年龄、宗教、职业、阶级、思想、生活背景、知识程度等都各不相同。公共关系人员在社交中有必要懂得各种不同的礼仪、习惯和风格。

4. 应变能力

应变能力是一个人自制力、适应性和灵敏性的综合表现。公共关系人员要和社会上各种人事交往，工作对象复杂，接触面非常广，在实际工作中出乎预料的事情随时都可能发生。这就要求公共关系人员在工作中一定要临危不乱，有遇急不慌、沉着冷静、机警、灵敏的应变能力，对各种情况能迅速加以分析、判断，运用逻辑思维，决定对策。

5. 审美能力

公共关系工作人员从事一系列公共关系活动，常常需要设计场景、策划公关广告、布置展览会、招待会、举办庆典、购置物品、美化环境等。这就要求公共关系人员必须具有一定的审美能力，做到颜色、场景、空间、物品形状与展示主题和谐、统一，既突出了重点，又不忽略其他；既美观、雅致、透出新意，又经济实惠、不铺张浪费。审美能力还表现在公共关系人员自身的仪表、服饰方面。

6. 专业技能

公共关系已日益发展为一种成熟的社会职业，因此有许多专门的技能。如应具备编辑、绘图、设计、印刷、摄影、美工、广告、市场民意调查等知识和技能。此外有助于开展公共关系工作的技能，还包括书法、跳交谊舞、下棋、打桥牌、集邮、烹调等。广博的知识和技能对开展公共关系活动十分有益。

二、公共关系人员的培养

随着公共关系的兴起和推广，合格的公共关系人员的社会需求量必然会增加。即使在公共关系已有几十年历史的美国，公共关系仍然是一项日益壮大的职业。在我国，公共关系事业还刚刚兴起，公共关系学作为一门新学科尚待建立，公共关系知识的教育和推广还处在起步阶段。一些地区举办了公共关系讲习班，大专院校也开设了公共关系课程。但今后对公共关系人员的培养应运用各种方式多管齐下，包括有志于公共关系事业者的自我培养，使公共关系人员的培养不仅仅局限在教育部门，而成为一种社会性的事业。

（一）公共关系从业人员的培养目标

根据公共关系工作的实际需要，对不同的公共关系人员应该有不同的培养目标。一般认为，公共关系人才的培养应该朝着两个方向努力：一是培养通才式的公共关系人才；二是培养专才式的公共关系人才。

1. 通才式的公共关系人才

这种类型的公共关系人才要求知识面广，有较全面的智力结构，能力结构和完整的性格结构，能够在工作中独挡一面，充任公共关系工作的组织者和指挥者。

通才式的公共关系人才一般要求经过系统的公共关系理论和实践的教育训练，并系统地学习和掌握与公共关系密切相关的其他学科知识。因此，最好经过综合性大学的全面学习和培养。

2. 专才式的公共关系人才

即精通于某一方面的公共关系技术，如新闻写作、广告设计、市场调查、美工摄影、编辑制作等。这种人才也是组织一个健全的公共关系组织所不可缺少的。

专才式的公共关系人才，则只需要精通一两种技术手段，既可以由大学培养，也可以由一些专科学校或在实际工作中培养。

（二）公共关系人员的培养途径

公共关系作为一门科学，其基础理论部分相当庞杂，因而如果没有良好的理论基础知识，是很难掌握公共关系技巧的，所以要求公共关系人员有扎实的理论基础知识。鉴于以上要求，公共关系人员的培养途径主要有以下两种：

1. 大专院校的正规培养

这是一条专门培养公共关系人才的正规途径，也是社会培养公共关系专职人才的一种最好的学习方式。学员可以在大学里系统地学习公共关系理论，潜心研究公共关系技巧，掌握信息传播工具，辅之以一定的实际工作训练或模拟实践活动。

2. 短期培训

短期培训的方式主要有：

（1）举办培训班。企业和社会上举办的公共关系培训班，主要学习与公共关系相关的基本知识，培训提高公共关系人员的理论水平。如：组织学员学习公共关系学、传播学、广告学、管理学、行为科学、市场营销学等，这种短期的培训班，时间短、收效快。

（2）见习培训。这种方式主要是从实践中学习，让见习人员在一段时间内充当本企业或外企业公共关系人员的助手，尽可能让他们有机会进行公共关系实践，观察和学习别人怎样处理公共关系事务，增强感性认识。这种方法特别适宜于培养刚参加工作的初级公共关系人员。

（3）聘请专家、学者指导。聘请具有公共关系业务专长的专家到企业指导、咨询，帮助解决公共关系中的疑难问题，辅导和促进公共关系人员正确推行公共关系业务，提高公共关系人员的业务能力和企业公共关系工作的质量水平。这种方法针对性强，解决问题效率高，对业务人员帮助启发大，是一种较好的培训方法。

（4）全员培训。对企业全体人员进行公共关系的教育，重点是思想教育和意识教育，其次是公共关系一般知识的普及教育。企业的公共关系不只是公共关系人员的事，任何人都是企业公共关系的代表。如果一个企业内部，人人具有公共关系意识，人人注意组织的信誉，自觉用自己的言行维护组织和产品的形象，那么就能在社会公众中树立起组织的良好形象，达到提高企业总体效益的目的。因此，社会组织必须重视对全体职工进行公关培训，增强每个职工的公共关系意识，提高全体职工公共关系水平，使组织的公共关系成为全体干部职工的自觉行动，并体现到每个工作岗位或生产经营的环节中去。

（三）公共关系人员培训的内容

公共关系人员培训的内容，可分为以下几个部分：

1. 公共关系理论知识培训

公共关系工作人员首先要掌握公共关系的基础理论。对公共关系人员理论知识的培训，应由培训单位根据需要选择适合培训对象特点的教材，做到因人施教、因材施教，使学员系统地了解公共关系基础理论，公共关系的由来和发展，公共关系的基本任务，公共关系的内容、对象和范围，公共关系的手段和方法，公共关系人员的职业道德和行为准则。

2. 公共关系相关知识培训

公共关系培训的内容除了公共关系基本原理和基本技能以外，还包括与公共关系相关的知识。如经营管理学、市场学、新闻学、广告学、法学、哲学、逻辑学、历史学、地理学、涉外经济商务谈判等。这些相关学科的知识，并不是要求任何一个公共关系人员都必须精通，而是要因行业、因部门、因人而异，有选择、有重点地加以掌握。

3. 公共关系技能培训

公共关系的技能培训，目的在于帮助公共关系人员具备比较全面合理的技能结构。其具体内容就是培养学员的观察能力、策划实施能力、语言文字能力、社会交往能力、应变能力、创新能力等。只有具备了这些技能，才能够在公关实践中运用自如。

4. 公共关系操作技能培训

对公共关系人员的培训，要注重实践性，改革那种教师站讲台、学生坐教室的封闭式培训方式，使公共关系培训走向社会、贴近实际，运用学到的知识和技能，到社会实践中去操作、去运用。实践教学深受学员的欢迎，并且学以致用、效果好，它是公共关系培训的一项重要内容。

5. 职业道德教育

人们常说，职业道德就是良好的经济理论，这并非油腔戏言，而是"老实人终有所获"的不同表达方式。一个组织为人信赖，则多具有成功希望。公共关系工作要解决的问题是促进理解，只有理解才能形成商誉，才能带来信誉，而商誉和信誉均有赖于人们的信任。因而可以说，童叟无欺乃为上策。公共关系工作的成效完全在于能否取信于人。所以，公共关系人员的职业道德尤为重要。

职业道德是特别用来规范公共关系工作人员的行为方式的。公共关系人员类似医生、律师、教师等，其人员正直是职业道德中不可分割的一部分。公共关系人员的经营活动，就是在为自己做公共关系工作，他必须对自己负责，因为判断他的人品的依据是他的行为。因此，任何层次、任何形式的公关培训，都必须重视职业道德教育。可以这样说，职业道德教育内容是公关教育的重要组成部分。

经过几十年的公共关系实践，欧美等发达国家已各自摸索出一套公共关系职业道德守则。对国际公共关系协会，英国公共关系协会、美国公共关系协会和尼日利亚公共关系协会等协会的职业道德守则进行研究，发现这些守则共同的地方有如下几点：

(1) 尊重和维护个人尊严。

(2) 公共关系职业行为要符合公众的利益。

(3) 公关人员应坚守社会公认的道德原则，如《联合国人权宣言》。

(4) 有责任承担促进社会信息交流的工作。

(5) 不得传播没有确凿依据的信息。

(6) 不得参与任何损害传播媒介诚实性的活动。

(7) 公共关系从业人员应维护过去和目前雇主、客户的利益。

(8) 不得损害本行业和其他公共关系人员的职业声誉。

(9) 报酬方面要公平合理，论工作成绩取酬，不得接受贿赂。

(10) 不得为存在冲突的利益工作。

自从我国公共关系协会于1987年6月底在北京成立后，我国的公共关系事业逐步走向了正规化道路。目前面临的重要任务就是要根据中国的国情，建立有中国特色的社会主义公共关系从业人员职业道德守则。

要建立我国公共关系职业道德守则，应参考国际和各国公共关系协会制作的职业道德守则的内容，吸取其中有用的东西，并结合我国的政治制度、社会文化传统进行。具有中国特色的社会主义公共关系从业人员职业道德守则，应从下面几个方面进行考虑：

(1) 关于公共关系实务工作的宗旨。

我国是一个社会主义国家，其公共关系实务工作的宗旨应体现出中国的社会主义的特色。因此，我国公共关系实务工作的宗旨应该考虑：

1）坚持四项基本原则；

2）为建设社会主义物质文明和精神文明服务；

3）发展社会主义公共关系事业；

4）承担为各个组织和公众传递消息，增强相互间的交流和合作的任务。

(2) 关于公共关系职业工作方面。

中国公共关系职业工作应该注意遵守下列原则：

1）促进社会各种信息的自由流通；

2）尊重和维护国家和公众利益，尊重个人尊严；

3）遵守国家的各项政策和法律法规；

4）遵守公开事实真相的原则，不能传播各种虚假或欺骗性信息；

5）不能参加任何败坏新闻媒介诚实性的活动。

(3) 关于公共关系工作的报酬方面。公共关系人员在受委托进行某项公共关系工作时，应遵守报酬方面的原则：

1）收费的标准要公开，论工作量和工作成绩取酬；

2）不得接受贿赂；

3）在为某委托人或客户服务时，未经他们同意，不得因这种服务与他人有关而接受他人付给的报酬。

(4) 关于公共关系从业人员与委托人或客户关系方面。

1）在不损坏公共利益的前提下，维护委托人或客户的利益；

2）在未经委托人或客户同意前，不得泄露有关他们的信息；

3）不得干涉委托人或客户的内务；

4）不得隐瞒自己的委托人或客户；

5）在公开事实并征得各方面同意之前，不得为利益相互冲突的委托人或客户同时服务。

(5) 关于公共关系从业人员与本行业及其他公关人员的利益。

1）不得干损害本职业和其他公关人员声誉的事；

2）不得侵夺任何其他公关人员的工作机会；

3）应遵守和维护本职业中公认的一切道德准则。

由于我国公共关系实务工作开展得还不够普遍，开展的时间也不太长，适合中国实际情况的公共关系职业道德守则应在实践中建立,并在实践中得到完善。

复习思考题

1. 公共关系社团有哪些类型?
2. 常见的公共关系模式有哪些?
3. 什么是公共关系公司?
4. 公关从业人员应具备哪些基本素质?
5. 公关从业人员应具备哪些基本技能?举例说明为什么必须具备这些能力?
6. 如何进行公共关系人员培养?

第四章 公共关系传播

传播是公共关系的三大构成要素之一。公共关系活动的过程,就是一个社会组织与公众之间进行信息传播和相互沟通的过程。公共关系职能机构及其工作人员的预期目的是否能够实现,在很大程度上取决于能否切实有效地创造和使用适当的传播手段。公共关系人员应懂得传播的基本理论,掌握有关技巧,学会运用各种主要传播媒介。

第一节 公共关系传播的类型

一、传播的涵义

传播也称交流、沟通,是指人与人之间的信息交流。这是人类最主要的社会行为之一。在公共关系中,传播是社会组织利用各种媒介,将信息或观点有计划地与公众进行交流的沟通活动。这个定义包含三个基本特点:

(1)传播是一个有计划的完整的行动过程。"有计划",指整个传播活动必须按社会组织的公共关系总目标有步骤地进行。"完整",指传播过程必须符合传播学的"5个W模式"。即 Who(谁)、Say What(说什么)、Through Which Channel(通过什么渠道)、To Whom(对谁说)、With What Effect(产生什么效果)。

(2)传播是双向的信息交流活动。传播对象双方均参与传播信息的活动,而且相互影响,逐步取得某种程度上的共识。

(3)传播是信息的共享活动。传播的目的就是要与传播对象共享信息内容,以达到相互了解、相互信任、相互支持,实现互动。

二、传播的模式

传播模式包括传播要素和传播过程。对传播模式的分析,就是把传播过程分为若干组成部分,并说明各种传播要素的相互联系与相互作用。不同的学者对此有不同的见解。下面列举几种较有代表性的模式。

(一)拉斯韦尔的5W模式

1948年,著名的美国传播学者拉斯韦尔提出了传播过程的5W模式,见图4-1所示。

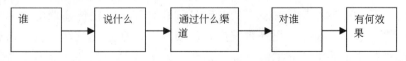

图 4-1 拉斯韦尔的5W模式

拉斯韦尔通过5W摸式列举出传播的五项要素,从而得出传播研究的五大领域。

传播的要素　　　　　研究领域
谁　　　　　　　　　控制研究

说什么	内容分析
通过什么渠道	媒介分析
对谁	受众分析
有何效果	效果分析

但5W模式忽略了"反馈",使该模式的走向成为单向的,而不是双向的。

(二)申农和韦弗模式

1949年,美国学者申农和韦弗在研究如何获得传播的最佳效果时,从信息论的角度,得出了申农和韦弗模式,见图4-2所示。

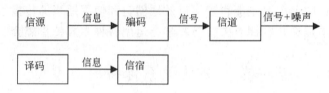

图4-2 申农和韦弗模式

该模式仍属于一种单向直线传播模式,特别是噪声概念的提出,客观地反映出在传播过程中,某些信号由于会受到不同程度的曲解和误解,从而可能引起信息的失真。它也存在两个明显的缺陷:第一,缺乏信息反馈;第二,忽视了信息传播过程中社会环境的制约和传受双方的主观能动因素。

(三)施拉姆提出的"反馈传播"模式

美国大众传播学权威施拉姆提出的"反馈传播"模式,主要讨论了传播过程中主要行动者的行为,把行动的双方描述成对等的,都行使着各自几乎相同的功能。其模式见图4-3所示。

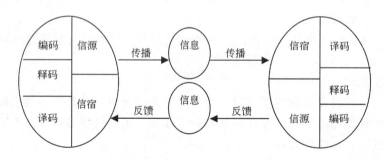

图4-3 施拉姆"反馈传播"模式

该模式是一种双向循环式运动过程。它与传统线性传播模式的区别在于:第一,它引进了反馈机制,将反馈过程与传受双方的互动过程联系起来,把传播理解成为一种互相的循环往复的过程;第二,在这一循环系统中,反馈还对传播系统及其过程,构成自我调节和控制,传播者要使传播维持和发展下去,达到一定的目的,就必须根据反馈信息,调节自身的行为,从而使整个传播系统始终处于良性循环的状态之中。

三、公共关系传播的类型

公共关系作为一种传播行为,按不同的划分标准,可以将传播分为以下几种类型:

(一)按与组织系统的关系,传播可以分为正式传播与非正式传播

正式传播是指通过组织规定的渠道或受组织正式委托向外向内进行信息的发布、传播与交流。如组织间的公函来往，组织规定的汇报、会议、新闻发布会、产品展销会等，所以可以称为组织传播。非正式传播是指在正式传播渠道之外进行的与组织工作关系不大的信息传播。如团体成员间的私下交谈、小道消息、马路新闻等。所以又可以称为群体传播。

正式传播是组织为达到目标所必须进行的传播活动，传播的是有关工作和任务的信息。正式传播的优点是效果好，有较强的约束力。但由于其带有官方化，在传播中许多言行带有浓厚的保护色彩，有些真实的思想和动机往往在正式传播渠道中不易表露。非正式传播不用在严肃的气氛中进行，使得传播双方更能达到一定的情感交流，可大大减少正式传播在这方面的不良影响。

（二）按信息发送者和接受者的相互作用，传播可以分为单向传播和双向传播

单向传播是指在整个信息传播过程中，信息的传播者和接受者的位置不发生变化的传播行为。一方主要是传播发送信息，另一方主要是接收信息。如作报告、作演讲、公事的指示、命令的下达等。单向传播的优点是信息传递速度快，条理清，受到的干扰少，传播过程简单。但由于单向传播缺乏信息反馈，无法真正了解接受者是否收到信息，是否理解信息，有时还很容易造成接受者的心理障碍。特别是在下行传播中，领导不善于听取下属的反馈意见，只一味地下命令，使下属无法在传播过程中得到心理满足。

双向传播是指在信息传播过程中，信息的传播者和接受者之间的位置不断交替变换的传播行为。如讨论、交谈、协商等，接受者获取传播者的信息后，通过自己的思考、理解、把意见反馈给原发送者，这时，双方的位置正好交换一下，这样一直可以延续到传播活动的结束。双向传播中的信息反馈会产生两方面的作用：当双方对交流的信息都比较有兴趣，且意见一致时，这种信息的反馈对传播行为起着鼓励作用，可使交流的双方进一步密切关系，加深感情，增大沟通的信息量；相反，如果在传播的过程中，信息接受者有时对传播者的信息表示否定或不感兴趣，会使传播沟通受到干扰甚至中断传播行为或改变传播内容，这种反馈对传播行为起着抑制作用，使传播变得逻辑性差，断断续续。

（三）按使用媒介的不同，传播可以分为人际传播和大众传播

人际传播是人与人之间的直接传播。打电话、写信、演讲、作报告、面对面地交谈以及组织公众参观企业、举办招待会等都是人际传播的方式。人际传播是人与人之间直接的信息交流，使人感到真挚、亲切、容易建立感情。而且，发出去的信息可得到及时的反馈，传播者可通过对方的动作、表情及语言等，了解接收者的反应，并据此来调整自己的行为，容易取得双方的共享。另外，人们往往把自己的亲身体验相互传播，信息真实，说服力强。但人际传播由于受时间和空间的限制，传播范围小、速度慢，在较强的时间内，很难让更多的社会公众了解自己。

大众传播是指职业传播者通过大众传播媒介主要是报纸、杂志、广播、电视等，向分布广泛的社会公众传递有关信息的一种传播活动。大众传播借助于现代科学技术的手段，突破了时间和空间的限制，大大提高了信息传播的社会影响。另外，由于社会信息生产量巨大，能通过大众传播媒介报道出来的信息必须经过"过滤"。这一信息的筛选过程在一定程度上提高了信息的权威性，使被报道出来的信息显得比较重要，从而增强了大众传播的号召力。但是由于大众传播媒介本身的特点，大众传播大多属于单向传播，公众一般无

法要求当面解释或直接提问，所以信息反馈比较缓慢，不利于传受双方的交流。

第二节　公共关系传播媒介

公共关系传播媒介是多种多样的，本节主要介绍印刷传播媒介——报纸与杂志；电子传播媒介——广播与电视；因特网以及非语言传播符号等。这些传播媒介对公共关系工作具有十分重要的意义。

一、印刷传播媒介

印刷传播媒介是指借助于可视的语言文字符号传送社会信息的各种载体，包括报纸、杂志、书籍等。它们具有优于言语交流的一些特征：比如记录性、扩散性、渗透性和准确性。公共关系传播工作离不开报纸、杂志，要通过报纸、杂志去搜集公众的信息，更要通过报纸、杂志向公众传播信息。

（一）报纸传播信息的优点和缺点

1. 优点

（1）报纸发行量大，覆盖面广，信息面宽，它可根据国内新闻信息的情况刊登要闻简讯和详细报道；

（2）报纸储存性能好，读者可以根据自己的需要随时翻阅查找有关信息；

（3）报纸主要以文字传送信息，信息的理性化程度较高，可以给人们一个思考记忆的机会；

（4）报纸一般制作、印刷快而简便，成本较低，方便人们订购。

2. 缺点

（1）在传播新闻的速度上不如广播和电视及时；

（2）由于阅读报纸需要读者有相当的文化水平和阅读理解能力，受众面窄；

（3）报纸保存时间短，读者往往一览而过反复阅读的可能性小；

（4）报纸缺乏动感音效，不如电子媒介那样生动形象，吸引力不强。

（二）杂志传播信息的优点和缺点

1. 优点

（1）杂志上的文章常常带有资料性、学术性，对信息内容的处理比较深入、系统，保存期限一般较长，传阅率高；

（2）杂志是分门别类，内容较专一，读者比较固定，因此宣传的目标有明确的指向性，可以有效地掌握目标公众；

（3）由于杂志的容量比较大，所以可以图文并茂、深谈细论，对读者有较大的吸引力和感染力。

2. 缺点

（1）杂志的出版周期长，传送信息较慢，不能迅速、及时地报道新闻事件，不适应做时效较强的宣传；

（2）杂志截止时间长，中途发生变化，修改版面困难大，表现手法不如电视活泼；

（3）受文化条件的限制，杂志的发行范围不广，阅读面较窄，宣传接触度逊于电视和报纸。

二、电子传播媒介

电子传播媒介是以电波的形式传递声音、文字、图像,运用专门的电器设备发送和接收信息的载体,包括广播、电视等,由于电子媒介具有的特点,可收到比其他传播媒介更广泛的影响,成为公共关系活动经常使用的媒介。

(一) 广播传播信息的优点和缺点

1. 优点

(1) 传播迅速,覆盖面广。它可以在须臾之间将信息传遍全球,加上收音机可以随身携带,使广播的信息到达率增高。

(2) 广播的信息诉诸人的听觉,主要以语言和音响作为传播手段,收听状态可以不受工作时间的限制,非常方便。

(3) 广播主要以语言为传播手段,不论男女老幼,文化程度高低,只要具有听觉就可以收听。

(4) 广播节目制作过程较为简易,可以迅速制作,成本较为低廉,适合做时效性强的信息传播。

2. 缺点

(1) 广播信息受时间限制,且稍纵即逝,如果不及时录音,内容无法保存;

(2) 听众收听广播,受电台播出时间的限制,自主性差;

(3) 广播缺乏直观性,对公众的感染力不大。

(二) 电视传播信息的优点和缺点

1. 优点

(1) 电视最大的特色是融文字、声音、图像、色彩于一体,生动形象,具有较强的吸引力;

(2) 电视以电波传播为媒体,传播速度快,感染力强;

(3) 电视集各种媒介之长,运用多种艺术手法,可以发挥出其他任何传播媒介难以单独发挥的功效,最富娱乐性。

2. 缺点

(1) 电视传播的信息稍纵即逝,人们不便记录、保留和查找;

(2) 电视的播放节目有固定时间,观众选择的余地很小;

(3) 电视节目的制作、播放和接收,均需要比较昂贵的设备,节目制作要求水准高,限制了某些中小企业的信息传播。

三、因特网

因特网是指全球最大的、开放的、由众多网络互联而成的主要采用 TCP/IP 协议的计算机网络,以及这个网络所包含的全世界范围内的巨大信息资源,从网络的角度讲,因特网是一个国际性的计算机网络集合体,它集现代通信技术、现代计算机技术于一体,是一种在计算机之间实现国际信息交流和共享的手段,从信息资源的角度讲,因特网是全球范围内最大的信息资源,该信息资源之大,超过任何一个人的想像力。

(一) 因特网主要有以下几个特点:

(1) 它是一个开放、互连、覆盖全球的计算机网络系统;

(2) 因特网是不同类型计算机交换各类信息的媒介,具有世界上最丰富的信息资源;

（3）因特网是一个分组交换系统，采用客户机/服务器模式，使用 TCP/IP 协议。

计算机只要连入与因特网互联的任何一个网络或任何一台服务器即可加入因特网。由此可见，我们不能将因特网仅仅看成是一个国际性计算机的网络即一种互相连接在一起的物理实体，更重要的是，它是一个面向全世界、全社会的巨大的信息资源。作为物理实体的计算机网络只是信息传播的载体，而巨大的信息资源才是因特网的生命力之所在。

（二）因特网服务功能

因特网含有极丰富的信息资源，并能与处于异地的计算机方便地进行信息交流与资源共享。人们利用因特网可以进行科学研究、文档查询、联机交谈、电脑购物等，给我们的工作、学习和生活带来了极大的便利。

（三）因特网对公共关系传播意义

因特网是现代电脑技术、通讯技术的硬件和软件一体化的产物，代表了现代传播技术的最高水平，是人类传播史上的第四个里程碑。它的出现，将根本改变人类的传播意识、传播行为和传播方式，并影响到人类社会生活的方方面面。因特网这种全新的媒介科技，具有与传统的大众媒介和其他电子媒体不同的传播特征，主要表现在下面几个方面：

（1）范围广泛。因特网实际上是一个由无数的局域网（如政府网、企业网、学校网、公众网等）连接起来的世界性的信息传输网络，因此，它又被称为"无边界的媒介"。

（2）超越时空。因特网的传播沟通是在电子空间进行的，能够突破现实时间的许多客观的限制和障碍，真正全天候地开放和运转，实现超越时间的异步通讯。

（3）高度开放。因特网是一个高度开放的系统，在这个电子空间中，没有红灯，不设障碍，不分制度，不分国界，不分种族。任何人都可以利用这个网络平等地获取信息和传递信息。无论对传播者还是受传者来说，因特网这一媒体中都享有高度的自由。

（4）双向互动。因特网成功地融合了大众传播和人际传播的优势，实现了大范围和远距离的双向互动。在因特网上，不仅可以接触到大范围、远距离的观众，而且受众的主动性、选择性和参与性大大加强，使得传播沟通的双向性大大加强。

（5）个性化。在因特网上无论信息内容的制作、媒体的运用和控制，还是传播和接收信息的方式、信息的消费行为，都具有鲜明的个性，非常符合信息消费个性化的时代潮流，使人际传播在高科技的基础上重放光彩。

（6）多媒体，超文本。因特网以超文本的形式，使文字、数据、声音、图像等信息均转化为计算机语言进行传递，不同形式的信息可以在同一个网上同时传送，使因特网综合了各种传播媒介的特征和优势。

（7）低成本。相对其巨大的功能来说，因特网的使用是比较便宜的。其主要原因是目前因特网充分利用了现成的全球通讯网络，无需重新投资建设新的通讯线路设施。在通讯费用方面，无数局域网分别分担了区域内的通讯费用，而个别用户只需支付区域内的通讯费用，因此，即便是进行全球性的联络，也只需支付地方性的费用。

由于因特网具有以上与传统的大众媒介和其他电子媒介不同的传播特征，作为政府、学校与企业，欲与自己的相关公众进行有效的沟通，不约而同地选择了因特网这个双向交流与沟通的渠道。因特网包含着巨大的信息资源，其双向交互式的信息传达方式与公共关系所倡导的"双向交流与沟通"的观点十分吻合。如今，"网上公关"、"网上广告"对大多数组织与公众来讲，已经不再是一个抽象的词语了。作为公共关系工作人员，如果不懂得如何运用因特网的强大功能来从事公共关系活动的话，他就可能成为一个信息化社会的落伍者。

四、非语言传播符号

人类交流信息，相互沟通，除了使用语言、文字外，还要使用非语言符号来进行交流，它们主要是体态语言和表情语言。它们传播出来的无声的信息是语言或文字不能取代的，而且对有声语言起着强化或弱化的作用。

（一）体态语言

体态语言是指人们在外观上可以明显地被觉察到的活动、动作，以及在活动、动作之中身体各部分所呈现出的姿态，包括人的四肢姿态以及坐、立、行等动作构成的各种姿态。人们往往把高兴至极或因兴奋而失去常态形容为"手舞足蹈"，这里"手"、"足"的动作就是体态语言。中国有许多描述体态语言的成语如：手忙脚乱、拍手称快、赤手空拳、袖手旁观、握手言欢等。

公关人员在与别人交往时，需注意对方的体态语言，以了解对方的内在心情或理解对方传递的细小信息。同时，也要注意自己的体态语言，以免误传信息或给对方留下不好印象。为此，必须熟悉各种体态语言的基本含义。

手：通过手和手指活动传递信息，包括握手、摆手和手指动作。它是最具有表现力的"体态语言"。在人际交往中，主要用以表示形象和传达感情。如中国人翘起大拇指表示赞叹，伸出小拇指表示鄙视，在人背后指指点点，代表友好、褒扬或鄙弃、厌恶。西方一些民族则将拇指朝下表示"坏"或"差"。可见，各民族由于文化背景的不同，其手势表达的含义也不尽相同。

肩：西方人耸肩其含义通常为"没办法"、"无可奈何"、"不明白"。中国人则习惯于相互扳抚肩膀端详或拍拍肩膀以示亲热。

臂：臂的动作和形态可有摇臂、挥臂、摆臂以及袒胸露臂等，都可给人特定的信息。

腿：伸腿、扯腿、偏腿、叉腿、翘腿、盘腿之类动作形态，在具体环境，各有不同的含义。如"翘起二郎腿"，是一种悠然自得或满不在乎、大大咧咧、不拘小节的表现，这种姿态是不能在社交场合使用的。

腰：叉腰、哈腰、伸腰、弯腰都会间接给人某种暗示信号。如在客人面前或正式社交场合伸懒腰，是一种粗俗无知、不拘小节、修养差的表现。

足：顿足、跺脚、失足、手忙脚乱、指手画脚，都有其特定的含义。

（二）表情语言

表情语言是指通过人的面部表情的变化传递出的语言。其主体是"眼语"。即借助眼神传递出信息的举措。在人际交往中，它能够最明显、最自然、最准确地展示一个人的心理活动。社交活动中，眼神运用要符合一定的礼仪规范，不了解它，往往被人视为无礼，给人留下坏的印象。所以，在见面时，不论是熟人还是初次见面的人，都应面带微笑，用炯炯有神的目光注视对方，以示尊敬和礼貌。在交谈中，应经常与对方目光保持接触，以示态度的真诚。

英国著名作家、评论家迪克·威尔森曾这样谈到他与周恩来总理的一次会面，那是1960年，周恩来正在南亚访问，访问的最后一站是尼泊尔。威尔森当时是《远东经济评论》的记者，准备参加周恩来南亚之行结束前的最后一次记者招待会。谁知应一些记者的要求，招待会临时改变了场地，而威尔森没有接到通知，仍然在原址等了两个多小时。当记者招待会结束后，周恩来回来听说他没有赶上招待会，便提出单独会见并回答他的提问。极度扫兴的他自然是欣喜若狂。就这样周恩来为他单独举行了近45分钟的记者招待会。当时已是深夜2点多了，为了不再打扰周的休息，威尔森准备马上告辞，可周却反过来提问了……"威尔森见过许多国家领导人，可没一人给我留下这么深刻的印象。我早就听说过周的魅力。整个谈话期间，他的眼睛一直注视着我的眼睛，仿佛世界上只有我们两人。这让我觉得镇静自如，让我觉得很信赖他。"以威尔森的描述，我们可以看到眼睛的神奇力量。

表情语言除了眼语，还有用眉毛、鼻子、嘴巴等部位的动作构成的语言，它们在具体场合既可以独立显示各自的表情，也可以综合显示，比如，皱眉型，表示不赞成、不愉快；张嘴表示惊讶、恐惧；撇嘴表示生气或不满；眼睁大，嘴巴张开，眉毛常向上扬，表示快乐；嘴角向两侧拉，眉毛倒竖，眼睛大睁，表示发怒。

正是因为非语言符号能够很好地弥补语言在传递信息中"言不尽意"的缺点，帮助信息传播者跨越语言障碍，准确传递信息。因此公共关系人员应该对各种形体语言有足够的了解，借助非语言符号进行信息传递，实现交往目的。

复习思考题

1. 什么是公共关系传播？它有什么特点？
2. 拉斯韦尔5W模式的内容是什么？
3. 传播的方式有哪几种类型？各有什么特点？
4. 公共关系传播为什么特别重视大众传播媒介？
5. 非语言符号在公共关系传播中有哪些特点？举例说明。

第五章 公共关系工作程序

公共关系工作最重要的目标是要在公众心目中树立良好的组织形象。这就决定了公共关系工作成功的关键是尽可能准确地了解公众信息，制定周密计划，有的放矢地开展公共关系活动。为此，公共关系人员应坚持公共关系工作程序：调查、策划、实施、评估，即公共关系学中所谓的"四步工作法"。必须强调的是：任何公共关系工作是一个连续的动态过程，各个工作程序之间时有交叉、重叠和重复，又各自相对独立，相互衔接成一个整体。

第一节 公共关系调查

一、公共关系调查的概念

公共关系调查，就是公众对组织形象的评价进行统计分析，用数据或文字的形式显示公众的整体意见，或者就某一具体公共关系活动条件进行实际考察。它是整个公共关系工作的基础。公共关系计划能否制定得切实可行，与公共关系调查掌握的第一手资料有很大的关系，组织的一切重大决策都依赖于对周围方方面面关系的清醒认识和了解。

二、公共关系调查的意义

1. 使组织能够准确地进行形象定位

公共关系调查可以使组织准确掌握在公众中的形象地位。组织形象定位是组织在公众中形象的定性和定量描述。通过形象定位，可以检测出组织自我期望形象与其在公众中实际形象的差距，针对差距策划有效的公共关系活动方案。

2. 为组织决策提供科学依据

通过公共关系调查，组织才能了解公众的要求和愿望，作出符合公众要求和愿望的决策，通过认真实施决策，从而使组织在公众心目中树立起良好的形象。

3. 使组织及时地把握公众舆论

积极的公众舆论有利于组织塑造良好形象，消极的舆论则有损于组织形象，甚至会造成组织的形象危机。因此，通过公共关系调查，监测公众舆论，以利于树立组织形象。

4. 提高组织公共关系活动的成功率

在开展某项公共关系活动以前，对主客观条件均要作现场考察，以便制定切实可行的计划，做好人、财、物的充分准备，使每项公共关系活动取得预期效果。

5. 有利于塑造组织的良好形象

公共关系调查从组织的主观方面讲，以搜集信息为主要目的，但在客观上，开展调查活动要同调查对象广泛接触。所以，调查人员也同时向公众传播着组织自身形象的信息，恰当的调查本身也会赢得公众对组织的好感。

三、公共关系调查的内容

公共关系调查的目的，不仅要了解组织面临的社会态势，而且还要了解那些有关的公众的观点、爱好,他们对组织的态度和反应,以便为分析组织面临的问题,找出组织的自我期望形象与实际社会形象之间的差距,找出组织实际社会形象与公众期望形象之间的差距,为规划和改变组织形象提供科学依据。

基于公共关系调查的目的,公共关系调查的内容主要涉及组织整体状况、内外公众状况、社会环境状况三个方面。

1. 组织整体状况调查

了解组织的整体状况和能力,是设计公共关系工作的基础。组织整体状况调查包括下列内容:

(1) 组织自然情况。如组织的名称、性质、地理位置、机构设置、法人代表、职工人数、文化、年龄、性别、职务、职称结构等。

(2) 组织社会情况。如组织的管理模式、业务范围、社会效益和经济效益、内外政策、优势及存在的问题等。

(3) 组织历史情况。如组织的建立时间、重大事件、领导人情况、人员素质变化、发展阶段等。

(4) 组织的现实情况。如组织的知名度、产品或成果的质量、数量、信誉、生产能力及社会需求等。

(5) 组织的未来情况。如发展前景、近期目标、长远规划等。

组织整体状况调查,既要有综合情况,也要有分类情况,越详细越具有利用价值。

2. 内外公众状况调查

内外公众的状况和意见,是公共关系调查的主要内容,其调查结果决定公共关系的效果、对策和发展。

(1) 组织形象调查

组织形象是社会公众对一个组织的认识、看法和评价。主要调查下面几个方面:

1) 知名度调查。如公众对本组织的名称、标记、业务范围、产品种类或服务内容、领导人等是否了解,以及了解的程度、范围和途径。

2) 信誉调查。如公众对本组织的产品、服务是否喜欢,是否信任及信任的程度。

3) 公众评价调查。包括公众对本组织的方针、政策、管理水平、工作效率、社会活动、人员形象等进行的评价。

4) 同类组织比较调查。在同类组织中,比较其优势和劣势,学彼之长,克己之短。

(2) 公众动机调查

公众动机调查,包括公众对组织是否抱有偏见或特殊的喜欢,该组织的工作方式、产品服务、社会活动等方面是否与公众某种成见相冲突,或与公众的某种嗜好相吻合,或与某种社会时尚相一致。

(3) 内部公众意见调查

1) 对组织及组织工作的评价。如对组织的总体工作是否满意,在与同类组织相比较中所处地位、优缺点、吸引力等。

2) 人际关系评价。如员工与其他员工的关系,员工如何评价其他员工之间的关系、关系的融洽与紧张程度、影响人际关系密切程度的因素及促进人际关系密切的手段等。

3) 领导行为评价。如领导者之间的相互评价和自我评价、上级对下级或下级对上级的评价、领导与被领导之间关系的评价。

(4) 公众需要调查

如了解每个公众的多种需要，特别是优势需要，以便有的放矢，有效地激励公众的积极性。

公众意见调查中要特别注意对颇有影响的"意见领袖"人物的调查。因为他们消息灵通，足智多谋，或有超人的胆识和品质，有一定的影响力和权威性，他们的意见往往能体现广大公众的意志。因此，公关人员要多与"意见领袖"交朋友，将意见领袖的意见作为调查内容的主攻方向。

3. 社会环境状况调查

社会环境的状况，关系到组织生存和发展的外部条件，也关系到公共关系工作发展的外部环境，是公共关系调查的重点。因此，公共关系部门应广泛调查搜集一切同组织有关的社会环境资料，使组织发展与公关工作的开展同社会环境的要求并行不悖。社会环境调查的主要内容有：

(1) 政治环境调查。应重视党和国家的有关路线、方针、政策、法令等，尤其是诸如经济合同法、环境保护法、劳动合同制规定等的调查。

(2) 经济环境调查。如宏观经济的发展、国民收入的水平、社会需求的变化、价格水平等。

(3) 社会问题调查。如社会上发生的重大事件、社会思潮、就业情况、消费倾向等热点问题，调查社会对上述问题采取的对策及可能对组织的生存和发展产生的影响。

(4) 其他组织的公共关系工作状况。如其他组织公共关系的规模、特点，有何新方法、新技巧等。其他组织公共关系活动的经验和教训，以便本组织从中获得有益的借鉴。

四、公共关系调查的过程

公共关系调查的全过程由四个相关的基本步骤组成。

1. 确定调查任务

确定调查任务，明确调查目的，确定调查对象、范围、规模、形式和方法。有了这些，就可避免调查工作陷入盲目状态。

2. 制定调查方案

明确调查任务以后，就要着手方案的设计和计划的编制。调查方案主要是提出调查目的、理论框架和进行调查所需的各种材料。调查计划一般包括目的意义、调查内容及要求、调查对象、方式方法、步骤与时间、组织与领导、工作制度、经费及物质保证等方面内容。

3. 收集调查资料

收集调查资料的过程，实则是调查方案的实施过程。在这个过程中须注意技术手段的恰当和合理运用，以保证所要收集资料的数量和质量，从而确保调查结论的准确性。

4. 处理调查结果

这是公共关系调查的最后一步，这包括两项内容：一是整理调查资料，即对所取得的全部资料进行检验、归类、统计等。二是形成调查结果，即将经过统计的数据形成图表，用形象地位差距图等显现出来，并进行文字分析，总体评价，以及必要的说明，最后形成一份完整的调查报告。调查结果和调查报告应及时提供给组织中的有关人员。

五、公共关系调查方法

公共关系调查要求尽可能全面系统地掌握有关的各种信息。信息的来源渠道可分为外源信息渠道和内源信息渠道。外源信息渠道是指从组织外部环境中获得各种信息的途径，内源信息渠道是指从组织内部获取各种信息的渠道。无论通过哪种途径获取信息，均应根据调查方案的不同要求选择一种或多种合适的调查方法。主要的调查方法有：

1. 访谈法

分个别访问和集体座谈两种。个别访问的优点是谈话深入，受外界干扰小，缺点是费时太多。集体座谈省时间，信息来源广，涉及范围较大，但座谈者易受他人发言观点的心理影响。

2. 观察法

分参与观察和非参与观察两种。参与观察是和被观察者一起活动，从活动中观察了解有关信息，并能体验到观察者的角色感受，但容易受观察者的情绪感染。非参与观察是作为旁观者出现，冷静而客观地获取信息，但容易"走马观花"，了解问题肤浅。

3. 问卷法（即民意测验法）

这是目前国内外社会调查中的常用方法。问卷法分为开放式问卷和封闭式问卷两种。开放式问卷对所提问题不作答案限制，由填答者自由表述感受和建议，但结果不好分类，难以统一标准衡量，不便统计处理。封闭式问卷是对所提问题给出几个可能的答案，由填答者有限制地选择，这种问卷分类明确，便于统计处理，但难以得到深入具体的建议。现在，常把两种问卷结合进行，对封闭式部分进行统计计分，开放式部分用以辅助分析和了解更深入的问题。设计问卷须注意：一张问卷的问题不宜过多（一般不超过 30 个）；问题的措辞要简洁、准确、易懂、不带倾向性；问题的类型应按其类型、逻辑关系、对象心理合理安排。问卷的方式可采取邮寄、电话、上门分发等多种方式。

4. 文献资料分析法

也称为"案头资料研究"。是利用历年统计资料、档案资料、样本资料等日常收集、整理、储藏的资料进行分析研究。

5. 追踪调查法

即公共关系人员对特定对象进行定时、定点的反复调查。其目的在于克服某段时间中所获取的静态资料的缺陷，通过连贯性调查掌握动态资料，探寻事物的发展规律。这种方法可形成固定的信息反馈网点，但花费较大。

6. 公开电话法

即在本组织设立公开电话，让愿意与组织联系的内外公众自由拨打电话，听取反馈信息，并可酌情奖励，以改善组织形象。

7. 抽样调查法

这是一种从局部调查结果获得整体调查效果的科学方法。常在调查对象众多时应用它。所谓抽样调查就是从全部调查对象（整体）中，按照"随机性原则"抽取一部分对象（局部）作为样本，对这些样本进行调查。"随机性原则"即抽取样本时，每一个对象都具有同等被抽取的机会。随机抽样的方法一般有以下形式：

（1）简单随机抽样。当调查对象不太多时，将所有对象顺序编号，用等距法，每隔一定间隔抽取一个对象作为样本，直到抽出所有样本。例如，某公司 4000 人，需抽出 80 人作样本，间隔为50人。当第一个样本随机抽得是第25号，则每隔50号可抽得其余样本号码是75，125，175，……，3975。也可采用抽签法，将所有对象的数字编号放入箱内，随意抽出所需样本号码。

(2) 分层随机抽样。又称分类随机抽样。即按照性别、年龄、职业、文化程度、居住地等特征，对全部有关对象进行分层(分类)，然后从每层(每类)中抽取样本。

分层随机抽样有同比和异比两种方法。所谓"同比"是指分层后，按同一比例在各层中以简单随机抽样法抽取样本。例如，从总体5000人(男3000，女2000)中按1/10比例抽出500人为样本，那么，应从男性层次中抽出300人，从女性层次中抽出200人。所谓"异比"是指分层后，按照特殊需要在不同的层次中按不同的比例进行抽样。如为了更准确地了解上例中女性的态度，决定在女性层次中按1/5比例抽样，抽取400人，而对男性层次仍按1/10比例抽出300人，组成700人的样本。但最后分析调查结果时，应将男性回答结果扩大一倍，或将女性回答结果缩小一半，作为综合样本总体的回答结果。

(3) 整群抽样。即将对象总体系统内的基层分支单位看成抽样的基本单位(群)。用随机抽样方式从中抽取若干单位(群)作为样本，再对各样本单位(群)中的个体进行逐个调查。

六、公共关系调查信息的加工处理

对收集到的信息进行科学地整理分类，有目的地筛选和分析，才能理出问题的头绪。通常信息的加工处理分三步进行：

第一步是从汇总信息中，识别整理出同组织生存、发展关系较大的信息，输入组织的信息库。一般有三个环节：

汇总信息：利用各种渠道和方式收集信息，并记录和汇总。

整理信息：通过去粗取精，去伪存真，对汇总的信息进行筛选、辨析、分类、评价、综合、提炼、编写目录检索。

贮存信息：对分类和综合的信息进行摘抄、剪贴、装订、登记、归档。尽可能把整理后的信息输入电脑，以备检查分析。

第二步是确定问题。通过检索、分析信息，首先需要确定组织的现有形象地位和存在问题。通常用"组织形象地位四象限图"来评估组织形象。图5-1中横标表示知名度，从左到右有0~100个标度。纵标表示美誉度，从下到上有0~100个标度。其中数字单位为百分比，如50%＝50。全图分为四个象限，象限Ⅰ为高知名度、高美誉度，象限Ⅳ为低美誉度、高知名度，其余类推。应用时，只需求出本组织的知名度、美誉度的百分比，再到四象限图中标出即可。比如一个组织抽样调查800人，

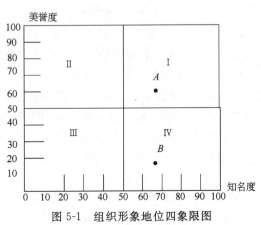

图5-1 组织形象地位四象限图

其中500人知道组织情况，其知名度62.5%，知道组织的500人中有300人对组织加以称道，其美誉度为60%。在坐标图中可标出形象地位为A点。又如一个组织的知名度为

600∶800＝75％，美誉度为 200∶600＝33.3％，对其知名度和美誉度可标示在图中为 B 点。

组织形象地位四象限图较直观地显示了一个组织现有的形象地位。公关人员还应进一步剖析导致这种形象地位的构成原因，以及这种形象和组织自我期望形象，与公众对组织的期望形象之间的差距。这可以用"形象要素间隔图"（图 5-2）来标示。

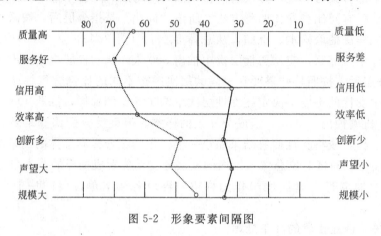

图 5-2 形象要素间隔图

首先，在剖析形象地位构成原因时，应将组织形象分解为相关的一系列要素。知名度可分解为组织规模、宣传成效、创新能力等要素。美誉度可分解为产品质量高低、服务态度好坏、经营是否公道、工作效率高低、是否诚信等要素。公关人员应事先确定比较分析的要素，换算成具体问题提出，向公众征求意见。代表每一要素的问题可分成 3～9 个等级，每个等级数字化，将所有调查问卷的每一项问题分别加总分，得出这一要素的总分，再求其平均值列入表中。表中每一横线代表一种要素，横线上的点即表示各要素的算术平均值。例如图 5-2 共列七条横线，代表七种要素。每一要素分为七个等级，级差为 10。调查者在问卷中对该要素回答"最差"的以 10 表示，"相当差"的以 20 表示，"较差"为 30，"一般"为 40，"较好"为 50，"相当好"为 60，"最好"为 70。计算方法如下：设调查 100 个公众，其中服务态度这一要素的评价为：5 人认为最差（5×10）；10 人认为相当差（10×20）；15 人认为较差（15×30）；20 人认为一般（20×40）；30 人认为较好（30×50）；20 人认为相当好（20×60）；0 人认为最好（0×70）。对上述结果加总计分求算术平均值：(5×10＋10×20＋15×30＋20×40＋30×50＋20×60＋0×70)/100＝42，将这一平均值 42 标在服务要素横线上即可。求其他要素平均值依此类推，并分别在各自横线上标出，再用实线连接起来，即得到公共关系调查得来的实际组织形象地位要素图。然后再将组织自我期望的各要素值标在横线上，或者将公众期望组织应达到的标准的各要素指标标在横线上，用虚线连接起来，即可发现组织在实际社会形象地位和自我期望、公众期望的组织形象地位在各要素上的差距，发现问题在哪里，从而明确今后公共关系工作的努力目标。

其次，需要确定组织即将面临的变化和问题。从调查收集到的大量信息中，还可能预示出组织将面临的环境变化、市场变化、科技动态，甚至有关于社会、政治、经济、文化发展趋势的信息。因此，公关人员不仅要对组织存在的问题作静态分析，还应把组织放到未来的环境中作动态分析，使组织保持居安思危，常盛不衰。

再次，公共关系部门作为组织的有机组成部分，对调查信息反映出来的组织其他部门存在的问题和将遇到的问题,也应收集、整理、分送其他部门。既密切了部门间关系,也提高了信息利用率。

最后,是排列问题等级。按问题可能发生的时间顺序,列出解决问题的迫切性等级。应注明这些问题将分别于何时影响本组织,应先考虑解决哪些问题。按问题对组织发展影响的轻重,列出问题的重要性等级,这些问题孰轻孰重,应着重考虑解决哪些问题。

第二节 制定计划与方案

通过公共关系调查,制定一个周密而完整的公共关系计划或实施方案,是克服工作的盲目性,使公共关系活动顺利实施的保证,也是"公共关系四步工作法"中最难的一步。

制定计划和方案的过程,简称"策划",它由"确立目标"和"制定方案"两个阶段组成。

一、确定公共关系目标

公共关系目标是公共关系活动的方向。选择明确而恰当的目标,并以此来设计、调整和布置各项工作,有的放矢地安排各项活动,是整个公共关系工作的关键。

(一)确立公共关系目标的四项原则

公共关系目标的确立,是以公共关系调查掌握的信息和确认的问题为基础,同时遵循确立目标的四项原则。

(1)整体原则。公共关系部门既是组织整体的有机组成部分,也是组织与公众交道、树立组织形象的部门。其活动应能体现和符合组织的整体利益,也能反映公共关系要求,履行社会责任。因此,确立目标应从组织和社会的整体利益出发,既考虑到与组织整体目标的一致性,又要考虑到与社会整体利益的一致性。

(2)现实原则。确立目标应考虑到内外环境所具备的条件,以及组织的需要和实现的可能性。把目标定得太高,使之望而却步,丧失信心;把目标定得太低,使之轻而易举,失去指导作用。从现实原则出发,目标应具有挑战性、可行性和可控性。

(3)长远原则。公共关系活动主要着眼于组织的根本利益和长远发展。因此,确立的目标应能超脱组织的局部利益和暂时利益,更应避免急功近利的短期行为。一方面要注意现有问题和各种问题的征兆,提出目标,防患于未然;另一方面要根据社会发展趋势,配合组织的长远利益来设立目标。

(4)效能原则。由于各类公众有着不同利益,他们对组织的期望也不尽相同,甚至相互背离。因此,在确立目标时,只能既注意到各类公众的共同利益和共同要求,又同时考虑首要公众的特殊要求,而不能面面俱到,使自己陷入进退维谷的窘境。例如,国外有种先进的重点管理法,又叫ABC分析法,它是从ABC曲线转化而来。当年意大利经济学家巴雷托发现社会财富分配不均:

A类:占人口5%~15%,收入占总收入70%~80%;

B类:占人口15%~30%,收入占总收入20%~30%;

C类:占人口60%~80%,收入占总收入5%~10%。

他从ABC曲线的分析得出"关键的少数和无关紧要的多数"的结论。后来美国通用电气公司对所属工厂的库存物资采用ABC图解法进行管理,对A类的物资压缩库存,重点控制，对B类的物资按常规库存，对C类的物资集中大批订购，以节约费用。从而降低了周转库存，节约大量流动资金。现在，ABC分析法不仅用于物资管理，也用于生产作业计划、人事管理和公共关系活动。ABC分析法的核心就是从多因素事物中抓住重点，兼顾一般，提高效能。

（二）确立公共关系目标的三个基本步骤

第一步要了解实现自我期望的可能性。通过"组织形象地位四象限图"和"形象要素间隔图"的分析，已了解组织存在的问题。现在须进一步分析形成这些问题的原因，找到解决问题的条件，掌握实现自我期望形象的可能性。无疑要明确人、财、物、产、供、销各方面的基本条件，还需充分了解组织决策层具有的能力、魄力和他们的期望水平；还应了解全体员工的素质、士气和潜能，他们对组织的态度和期望；还应了解社会各方面能为组织实现自我期望形象提供一个什么环境和条件，有哪些可资利用的手段和方式。根据这四个方面的条件，即可制定出切实可行的公共关系目标。

第二步是规划出明确的战略目标。最重要的公共关系目标就是"形象定位"或"树立良好的形象"。因此，要把符合组织的性质，具有特色的自我期望形象体现到战略目标中去。

第三步是把战略目标分解成具体的公共关系目标体系。心理学研究证实，如果将大目标分解成若干个小目标，就容易使人看到一个一个的成效，产生成功的喜悦，成为人们继续前进、战胜诱惑和压力的精神支撑点。所以将一个时间涵盖面长、内容比较概括、抽象的战略目标，分解成具体的目标体系，伴随一个个小目标的完成，把人们自然导向大目标（即战略目标）的实现至关重要。

（三）公共关系的目标体系

公共关系的目标体系，从时间上可分为长期目标、中期目标、近期目标。

所谓长期目标，是涉及到组织长远发展和经营管理战略等重大问题的目标，它与组织的整体目标相一致，它比较抽象地反映了组织在公众中应具有的形象，是组织理想的信条。一般不是短期内能实现的，时间跨度在五年以上。围绕长期目标可制定出具体实施的中期或近期目标，其内容具体，有明确的指导性，对公共关系工作有着实际的指导作用。它是实施长期目标的积累过程。

从程度上可分为重要目标、次要目标；依其活动内容可分为产品形象目标、产品性能目标、服务质量目标、公众关系目标等；依其沟通内容可分为信息传播目标、情感沟通目标、引起行为目标等。无论何种目标，都应有明确的目标内容，以及完成目标的时间期限。总之，应使公共关系目标系统化、具体化，并具有可操作性，以便于实施、检验、评价和调整。

二、制订公共关系方案

公共关系方案是落实公共关系目标的具体规划，是实现公共关系目标各种措施和对策的总和。

（一）制订公共关系方案的几点要求：

（1）目标明确、稳定。公共关系方案是实现公共关系目标的行动指南。因此，在考虑方案的内容、步骤、措施时，要保证计划方案与目标体系的一致性，不能因方案的方便与否临时修改目标。同时，各阶段方案应具有承上启下的连续性，不能随心所欲地改变计划。

(2) 内容实在、具体。由于公共关系目标可实可虚，可深可浅，具有伸缩性，使得计划方案的各个环节在时间、地点、方式、经费上都应予以落实。

(3) 方案配套、灵活。由于社会环境和公众对象既有稳定性，又有变化性，使得计划方案的制定应考虑各种变动因素，既要有常规措施，也应有对付突发事件的协调措施。

(二) 公共关系计划方案制定的程序

(1) 设计主题。根据公共关系目标体系，实现每一项目标均应设计出高度概括、提纲挈领的主题。围绕主题统帅一个阶段的活动称为主题活动。

设计主题要遵循以下原则：一是要使主题成为统帅整个活动，连接各个项目，各个步骤的纽带；二是主题要与公共关系活动的目标相一致，并能充分体现目标；三是主题要独特新颖，简明生动，具有个性和感召力；四是主题要力求适应公众对象的心理要求。

公共关系主题活动的表现方式很多，可以是一句口号，甚至是一个格调高雅的楹联。例如，丰田汽车公司在中国推销产品的活动主题是"车到山前必有路，有路就有丰田车"，这个中国人人皆知的谚语，特别引起公众对象的关注。又如，美国施特罗酿酒公司是生产17种酒的全美第三大啤酒公司，但一直被误认为是底特律市的小啤酒厂。在 AMF 公共关系公司帮助下，他们确立了扩大知名度的公共关系目标，围绕这一目标，他们精心设计了四项主题活动。于1983年开始搞施特罗摩托运动大赛；于1984年开始为球迷定期发布全美冰球联赛各队的累计进球数和罚球数；于1984年帮助地方销酒行业举办经验交流会和为酒店传授减少酗酒现象的经验；于1985年举办为自由女神而跑的筹集自由女神资金的长跑活动。

(2) 分析公众。公共关系活动的对象，是由公共关系目标体系确定的目标公众。一般把目标公众按两种标准划分：一种是按目标公众对实现组织公共关系目标的影响程度，将目标公众分为关键对象、重要对象、一般对象，以便在工作中能分清主次轻重。另一种是按实现组织公共关系目标的范围，将目标公众分为本行业对象、本地区对象、全国性对象，以便制定出有针对性的活动计划。确定目标公众类型后，还要掌握不同目标公众的需求特点、行为方式，使计划和方案更加符合实际，切实可行。例如，A 饭店以脖子上挂钥匙的中小学生为主要对象，树立"薄利多销，诚挚服务"的形象；而 B 大酒店是以豪华商贾为主要对象，树立"豪华排场，一流服务"的形象，它们各自的形象设计都是成功的，都能吸引自已的主要公众对象。

(3) 选择媒体。公共关系活动的方式和传播媒介，是根据公共关系目标的要求和针对目标公众的情况分析来决定的。可供选择的方式和传媒有人际传播和直接接触活动，如个人会见、书信电话来往、礼节性拜访等；有组织传播和群体活动，如信息发布会、座谈会、联欢会、展览会，举办艺术活动、体育活动等；有大众传播和社会活动，如报刊、广播、电视、广告、社会公益活动等；以及其他活动方式和传播媒介，如产品介绍目录、使用说明书、组织服饰、徽章等。只有选择恰当的方式和媒介，才能事半功倍地实现目标。

每种活动方式和传播媒介有其特点和不足，每类目标公众对其各有所好。因此，制定计划方案时，要针对目标公众的类型、特点和爱好，选择与之相适应的具体活动方式和传播媒介，同时具体方案中所选择的版面、栏目、节目、艺术体育活动等，要能引起目标公众的兴趣和注意；所确定的活动时间要符合目标公众的作息制度和生活习惯。总之选择活动方式和传播媒介是较为复杂而细致的工作，需要公关人员具备良好的综合素质和驾驭公共关系活动的能力。

（4）预算经费。编制经费预算的目的，主要是为了事先对每项活动花费的人力、物力、财力进行估算和统筹安排，避免浪费和超支，做到胸中有数，保证公共关系活动的顺利开展。编制预算的方法主要有两种：一种是"按组织收入抽成法"，另一种是"目标作业法"。

公共关系活动费用主要有员工报酬（工资、补贴和奖金）、办公费（办公用品、电话、房租、水电、报刊等费用）、传播媒介使用费、设备器材费（宣传纪念品、音响影视器材）、实际活动费（调研、出版物、专题活动、影视资料制作、赞助费等）。

（5）审定方案。对此应做两方面的工作，一是优化方案，就是从增强方案的目的性、可行性、降低耗费出发，采用重点法、轮变法、反向增益法等对方案进行优化的过程。二是方案论证，就是请有关领导、专家和实际工作者对计划的可行性提出问题，由策划人员答辩论证。

计划方案经过论证后，必须形成完整的书面报告，并报本组织的领导审核和批准后，方可实施。

为了说明计划方案的编制过程，下面列举"纳米"人事招募和教育方案。

"人"、"财"、"物"是企业经营的三大要素，其中尤以"人"最为重要。因此，人事管理及人力资源的组织，对企业来说是不能掉以轻心的。

北京纳米高科技公司就是一家在"人"这一大要素方面抓得极好的企业。他们是一家生产冰箱保鲜器的高科技公司，在经营中深深地体会到人事管理关系到公司的成长。作为一家中型民营企业，在北京很难找到合适的人才，因为绝大多数优秀人士都希望在稳定性高的大型企业里发展，而不愿到中小企业来"冒险"。为此：纳米公司专门请专家设计了一个人事招募和教育方案，以求获得人力资源方面的突破。

1）员工的招募及采用。经分析，人才频繁流动是我国中小企业的通病，主要原因在于公司的培育体制不健全，福利不够好。打工一族在这种环境下很难和公司一条心干到底。因此，纳米公司在人事策划书中要重点解决的，就是新员工在公司感到不安和疑虑问题，从而使之在公司安全制度管理下，能够对公司产生向心力。

为广泛招聘有能力的员工，纳米有三种具体做法：

① 在媒介刊登广告；
② 在人才交流中心备案；
③ 直接在校园征才。

以校园征才为例，由于企业的前身就是清华大学的一个分支部门，纳米与高校有一种天然的关系。为做好这项工作，公司准备了一套详细的资料：纳米公司的发展历史，高科技产品的市场前景和高回报率；对员工的福利保障，培训计划等。公司专门组织有经验的人到高校举办小型说明会，以直观感性的方法接触对公司有兴趣的人才。

这些细致的计划和活动，给公司不断注入新血液，使其营运状况大为改观。新产品开发队伍加强了，销售手段也上了新阶段。

2）员工培训及教育。纳米公司的人事培训理念是："人绝不是仅仅为了生存而工作，人工作也为了通过自己在一个社会组织中的作用和贡献,来获取别人对自己客观的肯定,并通过这种评价来认识生存的意义。"纳米采取如下几种员工培训方式:

① 定期教育训练。公司拟定了一份"年度教育训练计划",内容包括"训练主题、训练内容、训练对象、时间地点、授课老师等"。为确保培训质量,公司特别制定了几条配套措施:

A. 为避免定期培训流于形式,人事部须随时依现实情形修正训练内容,并考核追踪训练结果;

B. 定期培训的内容,采用互动式进行,先以问卷方式调查员工的希望及需要,以便公司的培训计划更符合实际工作的需要;

C. 注意定期培训的宣传和员工参与度,保质保量完成计划内容。

② 不定期教育训练。

A. 借用外力进行培训:与请进来相反,这种派出式培训旨在增加纳米公司管理和技术人员的专业知识,其对象为中级以上的干部,提升其业务素质。在信息爆炸的现代社会,一家高科技公司不可能再闭门造车。

B. 专业教育训练:通常由公司内部自办,训练对象是全体员工,形式是针对某一特定主题举办系列讲座或研讨会。

③ 新员工上岗培训。这项培训计划的目的是,让纳米的新员工熟悉公司的规章制度和运作方法。

通常,公司新人会对新环境心存各种疑惑,若这个阶段的培训不及时,他们对岗位的熟悉程度较低,会有相当长的摸索期。这些都会给公司带来极大的损失。

培训主要内容有:

A. 公司简介(公司历史、组织架构、企业政策及文化,企业的中长期战略目标),目的是增加员工对纳米公司的认同感;

B. 岗位专业知识介绍,借以提高岗位技能,提升工作效率;

C. 公司各项规章制度。

对新人的教育,公司重点是培育向心力,授课人员多以忠实于公司的模范员工为主。

经过努力,纳米取得了良好的效果,但与企划目标还有一定差距,需要在以后的经营中继续努力完善。

第三节 计划方案的实施

公共关系计划方案的制定到目标的实现,尚有一段相当长的距离,使得计划方案的实施成为整个公共关系活动的中心环节,也是最复杂、最具体的工作阶段。

一、确定公共关系的活动方式

公共关系工作所付出的一切努力,都是为了谋求公众和社会对组织的理解和支持。要把仅是良好愿望和理想设计的计划方案具体实施,变为现实,需要首先确定公共关系的活动方式,然后选择相关的传播媒介。可供使用的活动方式有:

1. 以公关功能为依据的活动方式

(1) 宣传性公关活动。这是运用大众传播媒介，传递组织信息，影响公众舆论，迅速扩大组织社会影响的活动方式。它适用于各类组织。其具体形式有：发新闻稿、制作公关广告、印刷公关刊物和视听资料、开记者招待会、展览会、演讲或表演等，广泛使用报刊、电视、广播等不同传播媒介。须注意的是，既传播组织信息，又接收公众反馈信息，这是一种双向活动。

(2) 交际性公关活动。运用各种交际方法和沟通艺术，广交朋友、协调关系、化解冲突，为组织创造"人和"的社会环境。它是应用最广泛的公关活动之一。其具体形式有社团交际和个人交际，如各式各样的招待会、宴会、恳谈会、茶话会、舞会、专访、讯函等。其特点是形式灵活，直接沟通，增加亲密性，加强感情联络。

(3) 服务性公关活动。以优质的服务行为作特别媒介，吸引公众，感化人心，获取好评，赢得信任与合作，使组织与公众之间更为融洽、和谐，提高社会信誉。它适用于各类组织。如各种消费教育、售后服务、免费保用保修等。其特点是用行动作为无声的语言，实在实惠，易被公众接受，见效快。服务的目的不仅是促销，更重要的是塑造组织形象，提高美誉度。

(4) 社会性公关活动。以组织名义发起或热心参与节目演出、庆典、公益、慈善、文化、教育、艺术体育等社会性活动，在支持社会事业的同时，扩大组织影响，塑造组织的形象。其活动形式是对上述各项重大社会性活动提供支持和赞助。其特点是社会参与面广，与公众接触面广，社会影响力强，能够同时提高知名度和美誉度。但形象投资费用也高，应着眼于整体形象和长远利益，不能贪多求大，要量力而行。

(5) 征询性公关活动。运用社会调查、民意测验、舆论分析等信息反馈手段，了解民情民意，把握形势动态，监测组织环境，为决策提供咨询，为公众更好服务。它以提供信息服务为主。具体形式有：开办相关咨询业务，建立信访与合理化建议制度，设立热线电话，制作问卷调查，分析新闻舆论等。其特点是以接收信息为主，这是整个双向沟通中不可缺少的重要机制。

2. 以公关状态为依据的活动方式

(1) 建设型公关活动。适用于组织初创阶段，以及某项事业、产品服务的初创、问世阶段。这时，力图尽快打开局面，扩大影响，提高知名度，须采用高姿态的传播方式。其方式主要有开业广告、开业庆典、新产品展销、新服务介绍、开业折价酬宾等。其重点是通过宣传和交际，以优质服务、高质量产品，让更多的公众知道、接近、信任自己，并获得支持。

(2) 维系型公关活动。适用于组织稳定，顺利发展的时期。为了维系已享有的声誉和良好的社会关系，采取持续不断而又低姿态，潜移默化而又能渗透的活动方式。如保持一定的见报率，竖立于高大建筑物上的企业名称、标志、巨型广告，逢年过节的专访慰问，对内外老关系户的优惠、奖励等。维系型公关活动是针对公众心理特征精心设计的。

(3) 防御型公关活动。当出现潜在的公关危机时，为了防止公共关系失调，通过重视信息反馈，及时调整组织结构、方针、策略或经营方式等，以适应环境变化和公众要求的活动方式。它多采用调查、预测等手段，及时发现组织发展中潜在的危机，向组织决策层和相关部门提供建议和改进方案，并协助实施。

(4) 进攻型公关活动。主要是组织外部环境剧变，出现难以协调的矛盾冲突时，为了化被动为主动，以攻为守，抓住有利时机迅速调整策略，开辟新环境的活动方式。组织可以通过研制新成果、新产品，不断开拓新市场，建立新伙伴，减少与竞争者的摩擦与冲突，克服消极因素的影响，以适应环境的变动。

（5）矫正型公关活动。是公共关系严重失调，组织形象受到严重损害时，为了挽回信誉和影响，采取各种矫正性的传播手段，及时采取一系列补救措施，稳定公众舆论，重塑组织形象的活动方式。此时，公共关系部门应及时查明组织形象受损的外部原因和内在原因，迅速制定对策，采取行动，控制影响面，矫正损害组织形象的行为和因素，重塑组织新形象。

3. 确定活动方式的原则

（1）适应性原则。要求公共关系人员根据组织的特点，组织发展的特定要求，社会环境具备的条件，以及公众的不同类型，不同要求选择不同的活动方式；不同类型的组织机构，或同一组织的不同发展阶段，或同一阶段中不同的公众对象及公关任务，都需要选择有针对性的活动方式。

（2）可行性原则。目标公众的态度是检验公共关系计划方案及其活动方式是否可行的试金石。如果目标公众对组织已实施和正在实施的活动方式持注意和赞赏态度，表明计划方案与活动方式是可行的，应当坚持下去；如果目标公众的态度是漠不关心，视若罔闻，就应该坚持公共关系总目标，部分修改计划方案，重点放在调整活动方式的选择和改进上，注入新的活力，使之与目标公众的兴趣、利益发生更密切的联系；如果活动方式引起目标公众反感，甚至对立，则应暂停计划方案的实施，重新制定计划和选择活动方式，决不可强行实施。

（3）创新性原则。确立何种活动方式应从实际出发，不能生搬硬套，也不要拘泥于模式框框的束缚，而应大胆创新。既要吸收并借鉴发达国家、别的组织的一切优秀成果，更要随着社会的发展、公众意识的变化，创新出更有效的公共关系活动方式。

二、选择传播媒介

确定了适当的公关活动方式，就要进一步考虑选择恰当的传播媒介。公关活动中常用的传播媒介有：电子媒介、印刷媒介、实物媒介、语言媒介等。各种媒介各有其优缺点。只有选择恰当，才能取得良好的传播效果。在传播活动中可遵循以下原则：

（1）根据公关目标和实际需要选择媒介。组织在不同的发展时期，有不同的工作目标，这样，就要根据工作目标和实际需要，确定适当的传播媒介。例如，组织的目标是提高其知名度，则可以选择大众传播媒介；如果组织的目标是要调整内部关系，则可以通过人际传播和群体传播，通过对话、交谈等方式来解决。

（2）根据传播对象选择媒介。不同的组织有不同的公众对象，而不同的公众对象，适用不同的传播媒介。要使信息有效地适应公众对象，就必须考虑其职业、文化程度、经济状况、生活习惯以及接受信息的方式等，这就要求组织在进行公关传播之前，根据实际情况进行选择，才能被公众对象所接受。例如，传播对象是家庭主妇，电视和趣味性的杂志是最好的媒介；传播对象是早出晚归的汽车司机，最好选用广播媒介。

（3）根据传播内容选择媒介。传播对象确定后，还要考虑传播内容的特点，以便确定信息将采用哪一种传播方式，大众传播还是人际传播。总的说来，应将信息内容的特点和各种传播媒介的优缺点结合起来综合考虑。例如，内容较简单的报道可选择广播，它覆盖面广,传播速度快,对文化程度要求不高;对较复杂、需要反复思索才能明白的内容,则可以选择报纸和杂志。

此外,只对本地区有意义的信息应选择地方性的传播媒介,而不要选择全国性传播媒介;只对一小部分特定公众有意义的消息也不必采用大众传播媒介,可用书信往来。

(4) 根据经济条件选择媒介。组织使用传播媒介,都需支付相应的费用,采用的媒介越先进,费用就越高。因此,组织在选择不同媒介时,要根据自己的实力,以最少的投入获取最大的利益。

三、排除实施计划的障碍

计划方案实施过程中常见的障碍有两种类型:

1. 公共关系计划中的目标障碍

这是指计划方案中所拟订的公共关系目标不明确、不具体,而给实施过程带来的障碍。如公共关系目标不符合公众利益,必然在实施中受到目标公众的抵制;目标过高,则会使实施人员望而却步;目标过低,则不能唤起目标公众的合作热情。为了顺利地开展实施活动必须排除各种目标障碍。因此,实施人员在开展工作之前应该审慎地检查:第一,检查计划目标是否切合实际并可以达到;第二,检查计划目标是否可以进行比较和衡量;第三,检查计划目标是否达到所期望的结果;第四,检查计划目标是否是计划实施者在职权范围内所能完成的;第五,检查计划目标是否规定了完成的期限。

2. 计划实施中的沟通障碍

在实施过程中,常见的沟通障碍主要有:

(1) 语言障碍。语言是人类表达情感、交流思想、协调关系的沟通工具。在不同国度、不同民族之间,在同一国度同一民族的不同地区之间均会出现语言上的沟通障碍,甚至语义、语音不同也会使沟通出现障碍。如中国人真心实意感激别人,会说"谢谢"。如用于对欧美人,对方会感到无法容忍,会认为你感情虚伪,从此对你敬而远之。

(2) 习俗障碍。不同的风俗习惯也常造成沟通的误解,以致使沟通受挫。如中国及许多国家的人均以点头表示赞同,摇头表示否定,而尼伯尔、斯里兰卡、希腊等国家,则恰恰相反。又如翘起大拇指表示夸赞、佩服,在英、美、新西兰等国,用这一手势还代表要求搭车,但在希腊,表示要对方"滚蛋",变成了一种侮辱人的信号。

(3) 观念障碍。封闭、狭隘、极端等观念也会造成沟通上的障碍,为此,须加强学习,提高认识,解放思想,更新观念。

(4) 心理障碍。是指人们的认知、情感、态度等心理因素对沟通造成的障碍。如日常生活的意见冲突,谈判桌上的各执己见,往往是心理上误解或曲解了对方观点所造成的。

(5) 组织障碍。合理的组织结构能够有效地进行内外沟通,否则将成为束缚沟通的绳索。沟通过程的组织障碍表现在:一是传递层次过多造成信息失真;二是机构臃肿造成沟通缓慢;三是条块分割造成沟通"断路";四是沟通渠道单一造成信息量不足。

由于障碍的类别不同,特点各异,排除沟通障碍时应注意:

第一,缩小传播者与其公众之间的差异,解决办法有:利用与公众所处的社会位置最接近的媒介;针对具体问题,利用公众心目中信誉较高的传播媒介;尽量减少与公众在态度上的冲突,用公众可以接受的语言或事例来说明所要沟通的问题;确定大多数公众的立场,表明自己与这些人的立场一致;发挥"公众细分"的作用,"公众细分"将会帮助沟通者得到积极的反应；根据形势需要随时调整反映组织要求的信息。

第二，沟通者必须牢记以下基本事实：公众乐于接受与他们切身利益密切相关的信息和与他们原有认识、态度相一致的信息。各种大众传播媒介创造了它们各自的公众社会，大众传播媒介所产生的社会影响并非都可以测量出来。

第四节 公共关系效果评估

公共关系活动计划实施的成效如何，是组织决策部门和公共关系人员共同关心的问题，以社会实践效果为客观标准，对组织公共关系方案、实施及效果进行衡量、检测、评估和总结，以判断其优劣，这是一项十分重要的工作。

一、公共关系效果评估的意义

1. 效果评估是改进组织公共关系工作的重要环节

公共关系效果评估具有"效果导向"功能。在最后评估阶段，对方案本身、实施过程、公共关系人员的表现均要给予检测，总结并分析成功的经验和失败的教训，还能从中发现新情况、新问题，从而指明改进工作的方向，为今后公共关系工作提供借鉴。

2. 效果评估是开展后续公共关系工作的必要前提

组织公共关系工作具有阶段性和连续性。每一项公共关系工作通过效果的分析和评估，既能为组织决策提供依据，也为后续公共关系工作方案的制定和实施提供经验教训，夯实工作基础。

3. 效果评估是检验公共关系工作优劣的基本手段

公共关系工作主要是由公共关系部门的员工集体承担的。他们分工协作，有各自的责任、任务和权益，所付出的劳动应得到公正评价，惟一有效的基本手段是通过效果评估。同时，通过效果评估，使员工对自己工作成效看得见、摸得着，激发起荣誉感和归宿感；员工之间进行对照、比较，找出差距，激发先进，鞭策后进，以便更好地调动员工的积极性和主动性。

二、公共关系效果评估的内容和方法

1. 效果评估的内容

检测方案中公共关系目标体系的各项目标是否达到。比如，"提高知名度"是"塑造良好组织形象"的一个分目标，并定量要求从20%提高到50%。要检测这一分目标是否达到，就要在效果评估过程中，把搜集到的有关资料进行定性分析和定量分析，将分析结果与原订目标进行对比，结论容易得出。

对实施过程的活动方式及传播媒介作出评价。对此，要求掌握公众对组织实施各项活动方式的态度，弄清楚各种大众传播媒介是怎样报道的，分析媒介的作用，以及公关人员在其中所起的作用等。

检查经费预算的执行情况，分析评估人、财、物的耗费是否值得，并找出原因。客观公正地评价公共关系部门及员工的功过业绩。此外，还要从社区关系、政府关系等方面加以评估，最终获得组织的整体形象。

2. 效果评估的方法

（1）自我评估法。由公共关系人员直接进行公共关系效果评估。他们亲历公共关系工作过程，体验最多，感受最深，从而对其成效的理解有独到之处。优点是有助于公关人员的经验总结，提高自身的思想水平和业务素质。但容易出现当事者迷，带有一定的主观片面性。

（2）目标评估法。它要求对照方案中公共关系目标体系，评估总目标、分目标以及公关人员个人目标等是否逐项落实。评估各项基本目标时，不仅要评价出定性的结论，还需要用定量分析获得的统计数字加以衡量，才能令人信服。比如，组织信誉看好，理解支持程度加强，投诉减少，老客户稳定，回头客增多等都是定性描述的结果，还需要用量化的百分比来表示。

（3）专家评估法。这是由公共关系方面及有关方面的专家来审定方案，考察实施过程，调查实施对象，与实施人员交换意见，最后写出评估报告，鉴定公共关系活动成效。这种方法能借助专家的丰富经验，超越组织环境的局限，如实鉴别公共关系工作中的成败，使评估工作有较强的客观性。

（4）舆论调查法。用于评估公共关系活动效果的舆论调查有两种具体方式：一是比较调查法，即在一次公共关系活动前后分别进行一次舆论调查（即一种民意测验），比较前后调查的结果，分析公共关系活动的效果。二是公众态度调查法，即在一系列公共关系活动之后，对主要对象公众进行调查，了解其对组织的评价如何和态度的变化，分析公共关系活动效果。

以上是几种常见的公共关系效果评估的方法。根据需要可择其一种或多种方法进行效果评估。

三、公共关系效果评估的程序

1. 重温公共关系工作的目标

组织公共关系目标既是公共关系开展各项工作的努力方向，同时也是评估组织公共关系效果的尺度。既不提高标准，也不降低要求，用这个尺度来检测公共关系目标是否实现。

2. 搜集和分析资料

利用公共关系调查研究的各种方法，搜集对象公众的各种信息和资料，然后进行分析比较，看哪些超越了预期目标，哪些实现了目标，哪些还没有达到，原因何在。比如，利用搜集到的有关知名度、美誉度的资料，再制作一次"组织形象地位四象限图"和"组织形象地位要素间隔图"，检查一下组织的实际形象地位；检查公众和自我期望形象要素之间的差距缩小程度，是不难发现公共关系工作成效的。

3. 向决策部门报告评估结果

公共关系效果评估负责人，必须如实地将评估结果以正式报告的形式上报组织决策部门及最高决策层。

4. 把评估结果用于决策

这是公共关系评估工作的最后一个步骤，也是最终目的。评估结果，一方面用于后续公共关系计划方案的制定，另一方面用于组织的总目标、总任务、总决策的调整。

四、报告公共关系活动成果

公共关系计划的实施情况及其效果，是公共关系人员和组织领导层所共同关心的。向组织领导层及时报告公共关系活动效果，使他们对公共关系工作的意义、活动方式及其效果加深了解，对这项工作作出恰当的判断和评价，为今后的工作争取到更多的支持。尤其是公共关系工作在我国开展的时间不长，有些组织的领导把这项工作视为可有可无，就更应该争取他们理解和支持。

报告的内容：主要是陈述公共关系活动的开展情况和取得的成果，对公共关系工作的效果进行质量的分类评价，并进行数量上的说明。一是要将具体实施的公共关系计划、经费开支与原计划经费预算加以比较；二是就公共关系的长期目标、中期目标、近期目标以及特殊目标的实现情况加以说明，指出达到的程度及存在的问题、差距；三是将现有组织形象地位的状况和公共关系活动开展前的组织形象地位加以比较，绘出简图，并说明改善的状况、原因；四是将公共关系工作结果与组织的总目标、总任务联系起来评价，并附以具体可见的和可检测的成果作论证说明。

报告的形式常用书面的或口头的两种。书面报告有年终总结、年度报告、定期备忘录和工作报告，情况通报和简报。口头的有小组或委员会会议，工作汇报会。无论哪种报告形式，若辅以图表、图片，都可以使报告更加生动、形象，效果更加理想。

复习思考题

1. 公共关系调查包括哪些内容？可采用哪些方法？
2. 就某一问题设计一份公共关系调查问卷。
3. 如何设计公共关系活动专题？
4. 选择传播媒介的原则是什么？
5. 公共关系效果评估的意义和内容有哪些？

第六章 公共关系策划

公共关系策划是对各类公关活动的谋划、运筹和韬略，是一切公关工作的核心和关键，是最高层次的公关工作，它直接决定着公关活动的成败。本章主要介绍公共关系策划的含义、特征、遵循的基本原则，公共关系策划的主要内容及类型，公共关系策划的程序。

第一节 公共关系策划概述

一、公共关系策划的含义

公共关系策划是随着公共关系活动的兴起而产生的。要了解公共关系策划，必须首先理解策划一词的内涵。

（一）策划的内涵

策划一词，含有筹划、谋划、计谋、计划之意。根据美国哈佛企业管理丛书的解释，策划是一种程序。其本质是一种运用脑力的理性行为，即找出事物因果关系，衡量未来可采取的途径，作为目前决策的依据。也即是预先决定做什么，何时做，如何做，由谁做。

策划是人类社会中经常进行的一种活动，我国古已有之。古语曰："凡事预则立，不预则废"。预，实际上就是事先做好充分准备，进行必要的策划。策划，就是根据各种情况与信息，判断事物变化的趋势，确定可能实现的目标和预期结果，再据此来设计，选择能产生最佳结果的资源配置与行动方式，进而形成正确决定和工作计划的复杂过程。可以说，策划既是决策的前提，也是决策的重要组成部分。

（二）公共关系策划的含义

所谓公共关系策划，就是指公共关系人员为了实现公关目标，对公关活动的主题、手段、形式和方法等进行周密的构思和设计。公共关系策划是以公关人员为主体进行的一种艰苦细致、复杂有趣的创造性思维活动。它以客观的公众分析为前提，以最好的活动效果为目标，是公共关系工作的核心。策划的好坏直接影响着公共关系工作的效果和水平，也体现了公共关系人员的素质和水平。

公共关系策划，不是具体的公共关系业务活动，而是公关策划的形成过程。对公关人员而言，困难的不是去实施活动方案，而是如何在策划中提出最新颖独特的创意，制定出最佳的公关活动方案。

二、公共关系策划的特征

公共关系策划的特征包括：

（一）目标性

目标越明确，公共关系策划越易开展。公共关系策划的目标，分为总目标和个别目标。总目标是任何公关活动都希望达到的最终目标，即树立良好的组织形象。但是实践中，一个组织由于受各种条件的制约，公关工作只能在总目标的指导下，逐步实现个别目标，进而保证总目标的实现。因此，在确立目标时，尤为重要的是如何选择个别目标和它们的统一性。

(二)整体性

公共关系策划是一项非常复杂的"系统工程"，在实际操作中，各个子系统都必须围绕总体规划和全局目标，相互协调，相互配合开展工作。任何一个组织形象都是公众对于组织的总体评价，是社会组织的表现与特征在公众心目中的反映，具有多维性、相对性和稳定性，因而在进行公共关系策划时，必须进行全面考虑。否则，再好的策划也会无功而返。

(三)计划性

朝着有利于组织的方向发展，才能实现组织的预期目标。只有使策划的行动方案具有较强的计划性，才能保证公共关系策划目标的实现。计划性是公共关系策划的一个本质特征。

(四)创新性

公共关系策划既是一门学问，也是一门艺术，其精髓在于创新。公共关系人员在策划中应根据社会条件的变化、公众心理状况的变化和组织内部的变化，进行新的策划，使其既要与自己组织过去的活动不同，又要与自己的竞争对手不同，使组织策划的活动标新立异，切忌不顾事实单纯模仿别人的方法与思路。

(五)灵活性

任何组织的活动都要受各种因素和环境条件的影响。公共关系活动是一项复杂的综合性活动，其成功与否要受诸多条件的影响，这就要求公共关系策划人员应时时关注由于条件的变化，对实现组织目标将产生何种影响，使公共关系策划具有一定的弹性和灵活性，以适应形势变化的需要。

(六)有效性

任何一项公关策划都应讲求有效性，这里所讲的有效性包括如下两种情况：

(1)需要与可能。凡事成功与否取决于需要与可能这两者的统一。在公共关系策划中，既要考虑组织所要达到的目标，又要考虑实现目标所具备的条件。

(2)投入与产出。公共关系策划需要一定量的人、财、物资源，投入这些资源后，应讲究产出的实际效果，既包括组织形象、目标方面效果，也包括由此而产生的组织收益效果；既包括近期的显著效果，也包括远期的潜在效果。

三、公共关系策划的核心——创意

公共关系策划的核心灵魂是创意。要使公共关系活动达到较高水平，使策划具有科学艺术性，就必须要有好的创意。

(一)创意的实质

通俗地理解，创意就是构思。创意一词最早主要指写文章能有新意，而现在则有了更丰富的内涵，如广告作品的意境、形象、风格的表现都需要创意。常用于表达人们在特定条件下具有创新性质的思维活动，即创造新意。

公关创意是在公关策划中，针对公关目标所进行的构思或想像，是公关人员表现公关主题和实现公关目标所进行的一种创造性思维活动。所谓创造性思维活动，是一种创造新事物或新形象的思维方式，是公关人员在公关策划创造过程中产生的思想、主意、想像等新的思维成果。公关创意为公关的策划和整体活动注入了艺术的神韵与生气，使之成为别具一格、超凡脱俗的创作，同时又把这种创作浓缩为一个新颖、精炼，能吸引公众的主题。具有画龙点睛之妙。因此，创意的好坏直接标志着公关策划的水平，也是公关活动成功的保证。

（二）创意的过程

一项成功的创意，一般包括以下几个阶段：

一是准备阶段：主要指公关人员根据组织的总目标和公关目标，通过公关调查，认真、全面、系统地收集各种相关信息和资料，明确公关策划所要解决的问题、面对的公众类型、组织的范围和规模、投入的人财物等。

二是酝酿阶段：公关人员经过充分的准备以后，最大限度地调动自己的知识、经验，充分发挥想像，运用多种思维方式，从多侧面、多角度，对相关信息进行分析、判断、拼接和组装，从中寻求出创意的线索和课题。

三是闪现阶段：指公关策划人员运用灵感，提出一个闪烁灵感火花的新奇构想，使纷乱的思绪、湍急的意识受这一构想的吸引和启迪，逐渐理清模糊混乱的思路，使这一构想趋于反映目标的形象的方向。

四是验证阶段：指公关策划人员从冥思苦想中回到现实，用理智的目光，按不同的标准，从不同的角度检验和考核瞬间出现的灵感、形成的构想是否是一种创新、是否可行、优劣何在。

五是完善阶段：指公关策划人员将经过验证的构想进行补充、修正和完善，集思广益，扬长避短，弥补创意的不足，并把它变为可操作性的活动方案。

四、公共关系策划的原则

公共关系策划应遵循以下原则：

（一）实事求是原则

实事求是就是从实际出发，不夸大，不缩小，正确地处理各种问题和矛盾，是公共关系策划的一条基本原则。公共关系策划必须建立在事实真实把握的基础上，向组织如实地传递有关组织公众的信息，并依据事实的变化不断调整公共关系策划的策略。公共关系人员在策划过程中，切忌主观臆想，随心所欲地给客观事实加入主观猜测的成分，而应从客观事实出发，不可回避更不可掩盖事实。那种企图掩盖事实真相的策划，只能使组织走向自己愿望的反面。

（二）公众利益优先原则

我们说公众利益，并不是要组织完全牺牲自身的利益，而是要求组织在处理自身利益与公众利益关系时，始终应坚持把公众利益放在首位。组织只有时时、处处为公众利益着想，坚持公众利益至上，才能得到公众的好评，才能使自身获得更大更长远的利益。

（三）经济效益与社会效益相统一原则

对社会组织而言，一方面，良好的经济效益是创造社会效益的保证，但经济效益并不等于社会效益。另一方面，社会效益是组织与公众相沟通、获得社会认可和支持的基础。一个社会组织要树立良好的组织形象，公共关系人员在进行公关策划时，就必须把这两者很好地统一起来。

（四）新奇性原则

公共关系策划是一种创造性的活动，而不是一种重复性的机械劳动。所谓公共关系策划的新奇性，就是要求公关策划者在谋划公关的策略时机时，不能因循守旧、墨守成规，要打破传统思想的束缚，标新立异、独辟蹊径、大胆创新、奇中取胜，使公关活动进行得生动活泼，给公众留下深刻、难忘、美好的印象。

（五）心理原则

公共关系策划人员在进行公共关系策划过程中，应充分运用心理学的一般原则，正确把握公众的心理特征，按其活动规律，因势利导。公众心理支配着公众的行为。影响公众行为的心理因素主要有：知觉、价值观、态度、需要、性格和气质。

（六）伦理道德原则

伦理道德原则是公共关系策划人员应当遵循的基本原则之一。其核心是：组织公共关系活动及其策划与从业人员行为的道德要求日趋加强。早期的公共关系活动，大多是以组织自身利益为根本准则，公共关系活动少有道德可言。随着社会的发展，人类文明的进步，人们开始注意在理论上对组织公共关系道德规范和行为准则的探讨，开始在公共关系策划中遵循这种道德规范和行为准则。我国公共关系人员包括公共关系策划者，除应遵守一般性的通用准则外，更应遵守社会主义的道德规范。

五、公共关系策划的价值

策划在公共关系中具有十分重要的地位和作用，是公共关系工作的核心和关键。

（一）公共关系策划在公关活动中居于核心地位

公共关系策划在整个公关活动中具有指导性、决定性、提前性，居于核心地位，可以从两个方面来认识。

1. 从公关策划在公关活动全过程中的地位和相互关系来认识

公关活动的全过程一般包括：公关调查、公关策划、公关计划、公关行动和公关效果评估五个部分，如图6-1所示。

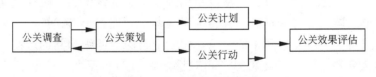

图 6-1 公关活动的全过程

从图6-1可以看到，公关策划处于整个公关活动的第二步，承上启下、承前启后，地位尤为关键。公关策划是利用公关调查的成果，运筹、制定方案，使组织具有针对性地开展公关活动，反过来，公关调查又必须以公关策划为指导，否则，公关调查就会盲目地进行；公关计划是公关策划的成果，是公关策划的战略、策略、方法、步骤的书面体现，公关策划与公关计划密不可分；公关行动是公关策划所决定的意图的具体体现，公关策划决定和指导着公关行动；公关效果评估的基本原则和方法在公关策划中就预先确定了，以后的公关效果评估都将围绕这些基本方法和原则进行。

2. 从公关策划所要确定的内容来认识

只有通过公关策划，才能产生一系列的成果，诸如公关目标、公关对象、公关策略、公关时机、公关媒体、公关效果等，如图6-2所示。

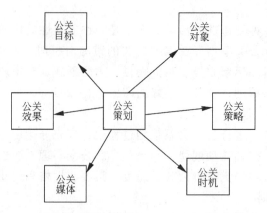

图 6-2 公关策划所确定的公关内容

由此可见，公关策划贯穿于公关活动的全过程，属于一种核心的地位；当公关活动被视为一个系统时，公关策划在这个系统中属于一种核心地位。

（二）公共关系策划是公关活动成功的保证

就公关活动而言，大致可以分为三个层次，一是初级公关活动，如布置、召集一般会议、处理日常工作等一般性的接待和宣传性公关活动；二是中级公关活动，即塑造一个组织或团体的整体形象，如通过赞助、广告、员工培训等方式，以提高组织知名度与美誉度的传播型公关活动；三是高级公关活动，是一种以智谋为内核，具有创意和设想，推出整体形象战略，造成轰动效应的策划型公关活动。公共关系策划既保证了公关工作的计划性、连续性、创造性和有效性，也决定着公关工作的成败，而且对一个组织的整体工作也具有很大的影响。尤其是那些事关全局的长期性、战略性公关策划，对组织整体工作的促进作用更加突出。

（三）公共关系策划是组织形象竞争的法宝

现代社会，组织之间的竞争已经从以组织规模、配套设备、科技开发能力等为主要内容的硬度竞争形式向以信誉和良好形象为主要内容的软度竞争形式扩展。组织形象已经成为一种重要的资本。有着良好形象的组织，实际上意味着组织和它的产品，服务已经得到了广大公众的认可和信赖，已经赢得了相对稳定的市场和顾客，获得了较有利的发展条件。公关策划可以从公关角度对组织形象、公众需要、环境变化等各方面的情况进行全面总结，为组织调整决策、改进工作，密切与公众的关系，树立组织形象，增强竞争力提供重要依据，进而在组织形象竞争中稳操胜券。

第二节 公共关系策划的主要内容及类型

一、公共关系策划的主要内容

公共关系策划的主要内容包括：组织形象策划、组织环境策划、组织行为策划、改变公众态度与行为策划、信息与媒体策划。

（一）组织形象策划

公共关系工作的核心是塑造良好的组织形象。一个社会组织在与公众的相互联系中，必然会在社会公众心目中产生一定的组织形象,"人过留名,雁过留声"说的就是这个道理。

组织形象策划既要同组织现状结合起来,针对组织在不同时期面临的问题确定活动的目标和重点,又要注意组织的性质特点,策划的形象标准要同自身组织的行业特征、产品特征、服务特征和人员特征相一致。

组织形象的策划可以从以下三个方面进行:

(1)理念的统一。即要求对企业和其他社会组织,在经营管理过程中的经营理念和经营战略的系统化,并将系统化的理念贯穿于企业的各项工作之中。

(2)行为的统一。即要求在企业理念统一基础上,在实际经营过程中要求全体员工执行行为规范化、协调化,进而达到经营管理过程的统一化。

(3)标识的统一。在目前的CI导入中,它最容易引起人们的关注。在公共关系策划中,要充分调动标识统一的各个要素(企业标志、产品包装、建筑风格等),确保组织以统一的外部形象展示在公众面前。

组织形象的策划包括树立组织形象、创造组织形象和维护组织形象。公共关系人员应据此策划出不同的内容,引导企业不断创新,努力塑造本组织的最佳形象,使组织永远立于不败之地。

(二)组织环境策划

不论何种性质的社会组织,都要依赖一定的环境求生存和发展,在组织的公共关系活动中,环境状况的好坏直接关系到活动的实际效果。

社会组织作为公共关系活动的主体,不能只是被动地依靠环境和适应环境,由于各自情况的不同,环境的形成和发展不可能与组织的发展目标完全一致,甚至可能出现与组织的追求相反的情况。这就要求组织应主动地了解环境中存在的各种不利于组织发展的因素,采取可行的措施对环境的发展加以引导,或者通过有意识的活动,改造环境中的某些成分,最终为自身创造出好的环境。

组织环境可分为物质环境和人文环境两大部分:

(1)物质环境,是组织经营硬件部分,其存在和现状是不以人的意志为转移的,但通过人为的努力可以充分利用环境中的积极因素,回避消极因素,必要时还可以改造消极因素为积极因素。

(2)人文环境,是组织经营发展的软件组成部分,它包括所处环境中的文化背景、民风民俗等。巧妙地利用人文环境所提供的条件,可以策划出高水平、有特色的公共关系活动。同时,组织公共关系也担负着改变人文环境中落后因素的社会义务。在组织的公共关系策划中,要注意利用和改造这两种环境。

(三)组织行为策划

组织行为是指组织在进行生产经营性活动和其他社会活动时的各种行动。任何组织开展活动,都将面临众多公关对象,这就要求学会同各种各样的组织和个人打交道。于是处理好与各类公众的关系,使组织行为更加科学、规范、艺术,自然是公关策划的内容之一。

组织行为策划主要包括:

(1)生产行为的策划:要在保证生产正常进行的同时,注意纠正可能不利于社会公众的因素。

（2）营销行为的策划：营销行为的重点是方便消费者购买、使用，有良好的技术咨询、服务，有完善的维护、保修体系。同时，营销人员要有良好的职业道德和过硬的服务本领。

（3）广告行为的策划：科学的广告行为首先是内容真实，要实事求是地向公众介绍自己的企业和产品，切忌用各种似是而非，夸张造假的手段哄骗公众；广告策划要有艺术性和真实性，广告传播要遵循大众传播媒介规律。

（4）接待交际行为的策划：接待交际行为的规范和艺术是展示现代企业风采的重要形式。接待交际行为的大前提仍然是同客户之间以诚相待，建立一种相互信任、相互理解、相互协作的平等关系。

（5）竞争行为的策划：市场经济提倡竞争，但竞争行为必须要符合国家的法律、法规，在守法经营的前提下公平竞争，要遵守本行业的职业道德和约定俗成的惯例。

（6）领导行为的策划：公共关系人员是决策者的智囊和参谋，对领导行为的策划也是公关行为策划的重要内容。在一些发达国家中，为领导人设计行为、塑造形象已形成一门科学和艺术。美国总统竞选就被公认为是候选个人行为和形象的竞争。在公共关系活动中，尤其是内部公共关系活动，要充分认识到协助领导人规范行为的重要性。

（四）改变公众态度与行为的策划

以改变公众态度和行为为目标的各种公关活动，是许多公共关系人员经常进行也自认为是一种非常有效的活动。其实，这种活动的全过程都充满了"陷阱"，稍不留心就可能掉进去。

现代社会的进步，人类素质的提高，人们越来越习惯于依据自己的观察作出判断。从传播学研究成果发现，每个人都带着一个装得满满的头脑空间进入传播过程，这些预先贮存于大脑中的信息在人们的思维中形成了关于各种问题看法的定势，成为人们接受新信息时的一道防线。公共关系传播行为要考虑的问题就是如何突破这一防线。

在公共关系策划中，要有意识地安排与公众有思维定势相应或相同的内容，以便被公众认同接受。改变公众态度行为的策划，还应注意利用"百闻不如一见"、"言传身教"的传统认识，通过组织示范活动，改变公众态度和行为。公共关系策划还要注意随时掌握公众心理的变化情况，以确保公共关系活动的成功。

（五）信息与媒体的策划

信息是公共关系活动中连接主体与客体的纽带，而媒体又是信息赖以存在和流动的物质载体。它们均是公共关系活动中离不开而又易被忽视的。那种认为媒体不需要在策划阶段作过多考虑，用时只管拿来就行了的想法是极其错误的。

信息的策划可以从内容和形式两方面着手。信息所表达的内容基本要求是真实，要向公众提供真实的情况。从新闻传播的规律来看，信息的内容应是新鲜的，是公众从前所不了解的。表达信息内容的形式要同内容本身相协调，面对信息膨胀的社会环境，应设法使自己的信息在形式上有特色，引人注目。

信息的内容和形式都要尽量同相应的媒介一致，能充分发挥各种媒介的特长。一般而言，层次较高的观念性内容、理论性内容，宜选用文字传媒；侧重于造声势或展示特色产品外形等内容，宜选用电视、路牌、人体等媒介；面向儿童的信息，要选择在儿童节目、儿童报刊及中青年父母感兴趣的媒介和适当时间发布等。当进行较大规模公共关系活动时,使用的媒介不只一种,要注意在各种媒介中出现的信息应围绕同一主题和目标。

各种不同的公共关系活动有不同的策划要求,面对具体的策划内容,公共关系人员要善于灵活调整,不应拘泥于某一种特定的形式。

二、公共关系策划的类型

公共关系工作在不同的组织、不同的时间有不同的目标、任务,因而分为不同的类型。在公共关系策划中,应根据不同类型的公共关系活动采取不同的方法,设计出相应的具体目标,运用不同的策略。

(一)不同性质及状况的社会组织的公共关系策划

1. 生产性社会组织

这类社会组织是为社会直接创造物质财富,以产品的形式体现自己的劳动的生产实体。在市场经济条件下,生产性社会组织的公共关系策划的重点是保证生产活动的顺利进行和产品顺利进入市场,核心是塑造完美的企业形象。在进行生产性社会组织公共关系策划中除应遵守公共关系策划的一般规律外,还要注意以下几点:一是要突出宣扬自己的产品标志,采取多种形式使主导产品标志深入广大消费者意识之中;二是要着力推出企业的形象,使本企业法人代表有一种与众不同的社会评价;三是要体现企业完善的服务体系,为消费信心的建立创造条件。

2. 经营性社会组织

经营性社会组织在社会经济生产和文化生活中承担着媒介、润滑剂的角色,消费者对它们的依赖程度不断提高,这就对公共关系策划提出了更高的要求。在市场经济条件下,经营性社会组织成为产、销之间重要的桥梁、纽带,公共关系活动的中心是为公众提供满意的服务,为他们提供生产、生活过程中的各种帮助。在公共关系策划中,经营性社会组织要注意以下问题:一是要突出自己所经营产品的品牌、质量,使本企业成为消费者放心的消费场所;二是要有独特的外在形象和内在精神,使消费者获得一种消费的享受和美感;三是要善于开展消费者教育活动,力争形成稳定的系列消费者队伍。

3. 服务性社会组织

这类社会组织是不以盈利为目的的单位,如学校、医疗、消防、社会福利、环保等。它的产生是社会进步的一种表现,是社会专业化分工的结果。这类社会组织的公共关系策划要围绕着在公众中树立权威性和信任感而开展。具体说应解决以下问题:一是要在内部公众中注意树立强烈的社会责任感,认清自己所担任职责的神圣和在社会上的位置;二是要在公共关系活动中注意向公众介绍国家关于本行业的有关政策法规,引导公众科学合理地行使组织的服务;三是要注意同其他各类社会组织建立广泛的联系,以争取各种社会力量的支持。

4. 权力性社会组织

权力性社会组织实际上是社会的管理协调机构。它包括立法、司法、行政机构和其他一些代表国家行使某一方面权力的机构,以及执政党的各级机关。在公共关系策划中,权力性社会组织要注意以下问题:一是要树立"公仆"意识,摆正自己的位置,将全心全意为人民服务的宗旨落到实处;二是要熟悉政策和业务,提高把握政策的水平,以一视同仁的态度对待各种不同类型的社会公众;三是要走出机关大门,深入基层;四是工作中忌摆花架子、说大话，要切实帮助群众解决困难。

(二) 针对不同类型及特点的公众的公共关系策划

公共关系策划既要从公共关系主体出发，更要从公共关系客体的角度出发。公众按不同的标准可划分为不同的类型（公众的分类在第一章第三节作了专门介绍），在这里只就在公共关系策划中最常见的一些公众类型进行简要介绍。

1. 内部公众和外部公众

在公共关系策划中，首先要对内部公众和外部公众有必要的区分。内部公众的策划以求实为主，设法解决内部员工最迫切的问题，为他们个人价值的实现创造一种良好的环境与气氛。对内部公众可以有较为充裕的时间进行活动设计和实施，并可以比较准确地得到信息反馈，及时调整活动方案。他们同组织间的政策、行为、人员等都有比较清楚的认识和了解，应对他们提供较高层次的行业信息，公开企业必要的决策过程，并吸引他们参与决策过程，以增强主人翁意识和社会责任感。同时，还应注意对员工的工作成绩加以肯定和表彰，以激发其工作热情。

外部公众策划，总体上讲要围绕使他们了解、认识本组织，并在行动中支持本组织这个目标进行。外部公众和组织之间既没有行政隶属关系，也没有稳定的工作和感情联系，势必对组织的情况比较陌生，因此，在公共关系中要着力加大面上信息的传输，短时间内在公众中留下关于本组织的整体印象。在此基础上再根据不同的外部公众对象策划各具特色的公共关系活动。

2. 顺意公众和逆意公众

顺意公众的策划，以开展肯定他们的态度行为的活动为主体，并向他们提供组织发展情况的最新信息。如向消费者赠送礼品、向稳定的消费者发放优惠卡等。

逆意公众的策划，不要强行推出否定对方原有态度和行为的活动，应以恰当方式引导他们将原有态度和组织所希望的态度进行比较，使其自己在内心感受原有态度和行为的不利之处，并在无意识中放弃原有态度，接受新的态度。

3. 流散性公众和聚散性公众

流散性公众策划，要设计在极短时间内能引起其注意的活动，在不打乱他们原有活动安排的情况下，使其在较短时间注意到公共关系人员希望注意的信息。或采取其他方式（如印发传单）让他们将信息带走，在他们自己生活、工作环境中传播。

聚散性公众策划，要设法在最短的时间内弄清诱发其聚集的原因，并采取针对性措施尽快平息事态，让他们感到事情已圆满解决而分散，以防止不利于组织的信息无限制扩散。

4. 文化素质高的公众和文化素质低的公众

文化素质较高的公众策划，设计活动时要充分注意到尊重其社会地位和判断能力，不能在他们面前过分地指手画脚。在活动设计中，要向他们提供正反两方面材料，活动的环境、内容档次要精心选择，使其在满足高品位文化追求的同时，对组织产生好感。

文化素质较低的公众策划，要侧重活动的普及性与气氛的热烈性，可在活动中向他们提供一点实惠，如赠送小礼品，满足其追求现实利益的心理需求。在开展公共关系活动时，可充分利用从众心理，以典范的方式促使他们对活动产生兴趣，对活动中所传递的信息重视。

（三）根据公共关系工作的目的、任务进行的公共关系策划

每一次公共关系工作都具有特定的目的、任务，而任务的确定又同组织当前的社会形象和地位密切相关，公共关系策划要充分考虑这一点。

1. 塑造新形象的策划

新组织形象塑造着重提高知名度，并体现与各类老组织的不同。在公共关系策划中要注意寻找并着力宣扬新组织的种种独特之处。策划的活动要尽量出新，使公众有耳目一新之感。如日本一家公司在推出新产品"随身听"时，除强调产品使用方便外，突出宣传该产品同生活新观念的联系，为公众灌输现代人要有现代消费方式和生活方式的观念，从而引起公众的普遍关注。

2. 改造老形象的策划

随着经济体制改革的逐步深入，社会主义市场经济体制的建立，大量老企业面临洗心革面的课题。在改造老形象的策划中，应回避组织曾经给公众留下过不良印象的事件，突出改造中的新创造和对公众的奉献。对于无法回避的不利因素，应设法化解，或巧妙地加以正面利用。例如，我国西昌卫星发射基地长期以来处于一种封闭状态之中，不被人们认识、了解，无形之中拉开了同公众之间的距离。改革开放以来，它突出强调了基地在高科技前沿的贡献以及同国际同行竞争中的实力，并将人们认为可望而不可及的航天器同现实的经济活动联系起来，在长征系列火箭的箭身上做广告，充分发挥了自身的优势，最终将神圣的"军事禁区"形象转换成为国内外公众服务的高科技基地形象。

3. 组织面对危机时的公共关系策划

一个组织在发展中不可避免地会发生各种各样的危机。在进行危机公共关系策划时，首先要稳定公众情绪，尽快解决引起危机的主要问题，防止事态进一步扩大；其次要设法使公众的注意力向积极方向转变，使社会的议论中心逐渐脱离引发危机的事件，以减轻组织的社会压力；再次要积极宣传组织为解决危机而采取的各种措施，以弥补因不利因素而带来的缺陷；最后要取得新闻界的理解与支持，在不隐瞒任何真实情况的同时，向他们通报本组织的实际困难和解决问题的态度、采取的措施，以防止在组织的措施采取之前因新闻报道的不当而使事态进一步扩大。

公共关系策划工作是千差万别的，只有根据形势的变化、组织的实际和面对的公众，不断地调整公共关系策略，才能不断适应公共关系工作的新要求。

为了使公共关系策划过程更加科学、合理，所形成的方案更加符合实际，对公共关系的策划提出了一些基本要求。

三、公共关系策划的基本要求

（一）针对性

不论是专业性公共关系公司或是内部公共关系机构，在进行公共关系策划时，必须明确公共关系活动的主体是谁、活动的目标是什么。所策划的方案都必须是针对特定的活动主体和活动目标。由于特定的社会组织所承担的社会责任是不同的，服务于社会的方式方法也不相同，它所面对的公众对象也不相同，因此，在进行公共关系策划时必须充分考虑到这些特定因素。

每一个社会组织在不同的发展阶段所要解决的问题是不相同的，公共关系活动也就要根据这个重点相应转移，公共关系策划同样要针对不同时期的工作重点作相应的变化。

(二) 创造性

公共关系策划贵在创新，是智慧与能力的创造性劳动的反映。这种创造性的策划不是凭空而来的，它要求公共关系人员既要有敏捷的思维能力和敏锐的观察分析问题能力，还要求有大量的公共关系材料的积累。要熟悉国内外知名的公共关系活动和本地区同行所进行过的活动方式，掌握其成功的奥妙与失败的教训。惟有如此才能找到自己进行创造性策划的切入点。

要使策划的方案具有创造性，公共关系人员就要有敢为天下先的勇气和信心，从别人不敢想、不敢做的方向独辟蹊径。即使在学习先进方法时，也要具有开拓精神。成功的道路往往就在人人司空见惯而人人又没有想到应打破常规的地方。

(三) 科学性

我们谈科学性既不是漫无边际的闭门造车，也不是违反科学规律的胡作非为，必须遵循其发展规律。要使公共关系策划具有科学性，首先应要求公共关系策划必须遵循辩证唯物主义和历史唯物主义思想，符合社会发展的客观规律，反对带有封建色彩和唯心主义的内容进入方案；其次要以健康向上的人生观和真善美的内容吸引公众，反对为迎合公众而一味地追求刺激和新奇，更不允许以黄色内容迎合少数人的不健康心理要求；最后方案和活动要尽量通俗明了，使用公众的语言和身边经常见到的现象来吸引他们。

(四) 艺术性

公共关系活动需要公众的支持才能完成，而公众是否参与或对此感兴趣，完全建立在自觉自愿的基础上。要使公众能心甘情愿地注意到特定的公共关系信息，并参与到活动中来，在公共关系策划中应注意有意识地创造一些条件。一是所策划的活动要新颖奇巧，能使公众过目不忘，在特定的环境中独一无二；二是所策划的活动能带给公众一定的艺术感染力，参与活动能使公众有一种满足感，有艺术享受的感觉；三是所策划的活动要同公众的传统习惯和当地的文化环境相吻合，这是公共关系活动艺术性的一个标志。只有这样，才能使所策划的活动达到预期效果。

(五) 可操作性

公共关系策划既要考虑到活动的高水平，也要注意到策划的活动要具有可操作性，而无法实施的方案没有实际的意义。所以，创造性、科学性、艺术性都要同可操作性联系在一起。成功的公共关系策划是公关理论和原则的深化实践过程，这个过程的最后落脚点就在于可操作性。

方案的可操作性主要从以下两方面进行衡量：一是组织公共关系活动面对的环境与客观的条件，其中既有人文的因素，也有物质的因素；二是公共关系人员、尤其是公共关系技术人员实施方案的技术手段与物质条件相结合，不可免为其难。

(六) 公正诚实性

公共关系能在较短时间内风靡世界，得益于众多公关专家和公关工作者为树立公关自身形象作出了艰苦的努力，其中良好的职业道德是公共关系为世界所承认的重要因素之一。在公共关系方案的策划实施中，同样要遵循公关工作职业道德的一系列要求。这种职业道德主要体现在"诚"字上。一是对待公众要诚，向他们提供真实可靠的信息，作出的各种承诺要及时兑现；二是对同行竞争对手要诚，开展公平竞争，反对采用不正当手段损害对方；三是对决策部门和协作部门要诚，不能片面地强调自身工作的重要性和困难，而提出无原则的要求。

（七）最佳效益性

公共关系策划既要考虑组织的长远利益，也要考虑公众的共同利益，即经济效益与社会效益的结合。在处理两者关系时，应将社会效益放在第一位，因为社会效益是组织与公众相沟通，获得社会认可和支持的基础。有时宁可牺牲组织的眼前经济效益，也要确保社会效益的实现。当然，我们讲社会效益并不意味着不讲经济效益，一个组织良好的经济效益是社会效益的保证，在策划中要尽量设法使有限的投入发挥较大的作用，使组织内部的各个方面能切实感受到公关的实在效益。

第三节 公共关系策划的程序

任何形式的公共关系策划，都存在着一个从开始到结束的过程。公共关系策划程序分为两个阶段、七个步骤（见图6-3）。第一个阶段为准备阶段，包括收集整理信息和确立目标两个步骤；第二个阶段为实际策划阶段，包括设计主题、分析公众、选择媒介、预算经费和审定方案五个步骤。

一、策划准备阶段

（一）收集整理信息

收集整理信息是公共关系策划工作的基础，任何公共关系策划都必须从收集处理信息开始。

1. 收集信息的内容

公共关系策划工作，主要收集以下几方面的信息：

（1）政府决策信息，收集、了解党和国家的方针、政策；

（2）新闻媒介信息，通过新闻媒介了解社会公众对本组织的反应；

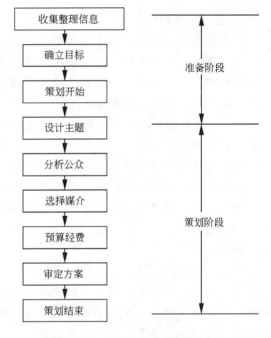

图 6-3 公共关系策划程序图

（3）立法信息，收集立法信息，研究各种经济法规；

（4）产品形象信息，了解本企业产品在用户心目中的形象；

（5）竞争对手信息，了解竞争对手的历史和现状；

（6）消费者信息，了解有关消费者的情况；

（7）市场信息，了解自身产品的市场占有率；

（8）企业组织形象信息，了解公众对组织机构、管理水平、人员素质、服务质量的评价；

（9）流通渠道信息，主要了解有关销售方面的信息。

此外，还有财政、金融、能源、人口等方面的信息。

2. 收集信息的程序

收集信息的程序一般包括以下三个阶段：

(1) 获取信息阶段，包括信息的收集、记录、汇总、整理等内容；

(2) 处理信息阶段，是将获取的信息通过筛选、分类、加工、综合、提炼等方式，达到去粗取精，去伪存真的目的；

(3) 贮存信息阶段，就是将经过处理的信息，摘出数据，写成文件，制成卡片或录音、录像带、照片等资料归档，并把有价值的信息提供给决策者。

(二) 确立目标

确定公共关系工作目标是公共关系策划的前提。没有目标，公共关系策划也就无从谈起。公共关系工作的具体目标是同调查分析中所确认的问题密切相关的。一般而言，所要解决的问题也就成了公共关系工作的具体目标。具体目标应是总目标的一部分，并受总目标的制约。

1. 公共关系目标分类

公共关系目标体系包含不同类型的多种目标，按时间条件可分为以下两类：

(1) 长期目标，指涉及组织长远发展和经营管理战略等重大问题的目标，它与组织的整体目标相一致。这类目标比较抽象地反映了组织在公众中应具有的形象，以及能够对社会所起的作用，是组织的理想和信条。一般不是短期内能够实现的，时间跨度较长。

(2) 近期目标，指围绕长期目标制定的具体实施的目标。它的内容具体，有明确的指导性，对公共关系工作有实际的指导作用，其时间跨度较短。

按性质条件又可分为以下两类：

(1) 一般目标，是依据各类或几类公众的要求、意图、观念或行为的同一性制定的。它是构成组织总体形象的要素。如增加商品房的销售量是企业员工、股东、政府、顾客等公众权益要求中的一个共同点。因此，"促进商品房销售量的增加"就成为公共关系工作的一般目标。

(2) 特殊目标，是针对那些与组织目标、信念、发展以及利益相同或相近的公众中的特殊要求制定的。这类目标具有特殊的指向性。如某酒店为了增加营业额，决定改变住房结构，把企业家和商人作为主要服务对象，制定了"中外通商之途，殷勤款客之道"的特殊目标，成功地塑造了组织的特殊形象。

公共关系目标还有其他一些分类方法，如按活动的类型可分为：传播信息、联络感情、改变态度、引起行为；按活动的作用可分为：进攻型目标、防守型目标等。

2. 确定目标的要求

公共关系策划确定目标的总体要求是：目标明确、具体，具有可行性和可控性。

(1) 明确、具体。明确，是指目标的含义必须十分清楚、单一，不能产生多种理解；具体，是指所提出的目标是可以直接操作的，有明确的内容和任务要求，而不是空洞抽象的。

(2) 具有可行性和可控性。所谓目标的可行性，是指确定目标要现实，既不能过高，也不能过低，是经过努力可以达到的。所谓目标的可控性，是指所确定的目标要有一定的弹性，要留有一定余地，以备条件发生变化时能灵活应变。

二、实际策划阶段

（一）设计主题

公共关系活动的主题是对公共关系活动内容的高度概括，它在整个活动中起着提纲挈领的作用。主题设计得是否恰当，对公共关系活动成效影响很大。

公共关系活动主题的表现形式是多样的，既可以是一句口号，也可以是一个陈述句，还有用楹联表示等，如日本丰田汽车公司在中国推销产品的公共关系活动主题是："车到山前必有路，有路就有丰田车"。该主题运用了"车到山前必有路"这句在中国几乎人人皆知的谚语，非常容易引起公众对象的关注。

设计公共关系主题，一般要考虑以下几个因素：一是要使主题成为统领整个公共关系活动，连接各个子项目，各个步骤的纽带；二是主题要与公共关系活动的目标相一致，并能够充分表现目标；三是表述主题的信息要独特新颖，简短明了，具有鲜明的个性，表述的词句要动人，有强烈的感召力；四是主题要力求适应公众的心理需要。

（二）分析公众

每一个组织都有特定的公众，确定与组织有关的公众，是公共关系策划的基本任务。只有确定了公众，才能确定与之相沟通的方法。确定公众一般分为两个步骤：

1. 鉴别公众的权利要求

公共关系本质上是一种互利关系。一个成功的计划必须考虑到互利的要求。要做到这一点，就必须明确公众的权利要求，将其作为策划的依据之一。这种权利要求可以通过列表法排出。列表时应尽可能全面反映各类公众共同的权利要求，使之一目了然，以便进行比较分析。以一般建筑企业为例，其公众权利要求结构见表6-1。

公众权利要求结构　　　　　　　　　　　　　　　　　表 6-1

公司的公众对象	公众对象对公司的期望和要求
员　工	就业安全和适当的工作条件；合理的工资和福利；了解公司的内情；培训和提升的机会；社会地位、人格尊重和心理满足；不受上级专横对待；有效的领导；和谐的人际关系；参与和表达的机会等
股　东	参加利润分配；参与股份表决和董事会的选举；了解公司的经营动态；有权转让股票；有权检查公司账目；增股报价，资产清理；有合同所确定的各种附加权利等
顾　客	产品质量保证及保用期；公平合理的价格；优良的服务态度；准确解释各种疑难问题或投诉；提供完善的售后服务；获取增进消费者信任的各项服务；必要的消费指导等
竞争者	由社会或本行业确立竞争活动准则；平等的竞争机会和条件；竞争中的相互协作；竞争中的企业家风度等
社　区	向当地社会提供生产性的、健康的就业机会；保护社会环境和秩序；关心和支持当地政府；支持文化和慈善事业；赞助地方公益活动；正规招聘，公平竞争；以人、财、物扶持地方小企业的发展等
政　府	保证各项税收；遵守各项法律、政策；承担法律义务；公平竞争；保证安全等
媒　介	公平提供信息来源；尊重新闻界的职业道德；有机会参加公司重要庆典等社交活动；保证记者采访的独家新闻不被泄漏；提供采访的方便条件等

2. 概括和分析公众对象的各种权利与要求

首先应概括各类公众权利要求中的共同点，把这种共同点作为设计组织形象的基础，进行概括和分析时，应从各种公众的意图、权利要求、观念和行为的一致性来加以考虑。然后再分析特定目标公众的特殊要求，这是制定组织公共关系特定目标、设计组织特定形象的基础。一般而言，应选择与本组织的信念和发展、相近或利益关系特别重要的公众，作为工作的主要对象。

（三）选择媒介

传播媒介有多种多样。公共关系工作通常采用的传播媒介有：语言媒介、非语言媒介、印刷媒介、电子媒介、实物媒介等。各种媒介各有所长，可以根据公共关系工作具体情况进行选择。选择传播媒介的基本原则是：

1. 根据公共关系工作的目标、要求选择

选择媒介首先应着眼于组织公共关系的目标和要求。各种媒介都有其特定的功能，能适合为公共关系的某一目标服务。如果组织的目标是提高知名度，则可以选择印刷媒介与电子媒介。如果组织的目标是缓和内部紧张关系，则可以通过人际传播与群体传播，通过会谈，对话等方式解决。

2. 根据不同对象选择

不同的公众对象适用于不同的传播媒介。要使信息有效地到达公众对象，就必须考虑其教育程度、经济状况、职业习惯、生活方式等，根据这些情况选择适当的传播工具，才能被公众对象所接受。

3. 根据传播内容选择

每种传播媒介都有其适用的范围。选择媒介时，应将信息内容的特点和传播媒介的优缺点结合起来综合考虑。如内容较简单的快讯可选择广播，而对较复杂、需反复思考才明白的内容，可选择印刷媒介。

4. 根据经济条件选择

俗话说："看菜吃饭，量体裁衣"。成功的公共关系策划，选择恰当的媒介和方式，以较少的开支争取最好的传播效果。

（四）预算经费

公共关系的编制预算，实质上是将公共关系计划具体化的过程。通过预算，可以确定公共关系活动的项目和规模，进而能从人力、物力、财力保证公共关系活动的正常进行，有利于公共关系计划的组织落实，也有助于公共关系活动效益的提高。

编制预算的方法主要有两种：一是"固定比率法"，二是"目标作业法"。

固定比率法就是按照一定时期内经营业务量的大小来确定预算的一种方法。这种方法计算方便，简单易行，但预算缺乏计划性与弹性，不一定适合具体需要。

目标作业法就是先制定出公共关系期望达到的目标和工作计划，然后将完成任务所需要的各项费用项目详细列举出来，再核定各项活动和全年活动的预算。运用这种方法事先要审核计划和预算，尽量避免超支、缺资现象的发生。

编制预算时，公共关系人员主要是对一定时期内从事公共关系活动需要的总费用加以估算，并对公共关系活动费用的主要构成项目加以确定。公共关系活动费用主要有以下几个项目，即工资费用、行政办公费用、宣传广告费用、设备器材费用、实际活动费用和赞助费。

（五）审定方案

1. 方案优化

方案优化过程，就是提高方案更趋合理的过程。方案的优化可以从增强方案的目的性、增加方案的可行性和降低耗费三个方面考虑。可以采用重点法、轮变法、反向增益法、优点综合法等方法对方案进行优化。

2. 方案论证

所谓方案论证，是指行动方案制定好以后所进行的可行性论证。一般由有关领导、专家和实际工作者对计划的可行性提出问题，由策划人员答辩论证。方案论证的内容包括：对目标进行分析、对限制性因素进行分析、对潜在问题进行分析、对预期结果进行综合效益评价等。

3. 书面报告与方案的审定

公共关系行动方案经论证后，必须形成书面报告，其内容为：综合分析的介绍、公共关系活动的计划书和方案的论证报告。为使公共关系计划目标与组织总体目标相一致，公共关系计划方案必须经组织决策者审核和批准。书面报告和计划审定是策划中不可缺少的重要环节。

复习思考题

1. 什么是公共关系策划？它具有哪些特征？
2. 如何理解创意是公共关系策划的核心。
3. 简述公共关系策划的内容。
4. 简述公共关系策划的基本要求。
5. 试举例说明某物业管理企业进行公共关系策划所包括的内容。
6. 试策划某房地产公司推销滞销住房的公共关系活动。

第七章 公共关系中的物业管理文书

文书作为一种广泛使用的传播工具,也是公共关系的重要手段。它具有使用范围广、针对性强、能表达真情实意等特点。因此,了解和掌握文书的写作是公共关系人员必须具备的基本素质。

本章主要介绍常用文书的特点、写作原则和具体要求等基本理论和技能。

第一节 常用文书的写作

一、应用文概述

应用文是与一般文章,即普通文章相对而言的。它是国家机关、社会团体、企事业单位、人民群众在政治活动、经济建设、处理事务的长期实践工作中逐渐形成的、具有一定惯用格式的文体总称。它是管理国家、处理政务、传递信息、推广成果、发展科学,以及人们在社会交往、相互咨询中经常使用的一种工具。它在所有的文章体裁中,与人们的关系最密切、最直接,使用频率最高,使用范围最广。因此,会写应用文章就成为人类社会成员从事各种实践活动所必备的基本功。

二、公文

(一)公文的涵义

公文是国家机关、社会团体、企业单位为处理公务,按规定格式制作,按规定程序处理的一种文书。在公共关系活动中,公文是表达企业意图、陈述意见、记载事务的书面材料,是上传下达的指挥工具,也是沟通左右的重要桥梁。因此,公文在公共关系活动中得到广泛的应用。

(二)公文的种类

根据1993年国务院办公厅公布的《国家行政机关公文处理办法》的规定,公文有12类13种,即:

(1)命令(令)。用于发布行政法规和重要规章,宣布施行重大强制性行政措施,任免、奖惩有关人员,撤销下级机关不适当的决定。

(2)议案。用于各级人民政府(或者法定人数的人民代表)按照法定程序向同级人民代表大会或人民代表大会常务委员会提请审议事项。

(3)决定。用于对重要事项或重大行动作出安排和决策。

(4)指示。用于对下级机关布置工作,阐明工作活动的指导原则。

(5)公告、通告。公告,用于向国内外宣布重要事项或者法定事项;通告,用于在一定范围内公布应当遵守或周知的事项。

(6)通知。用于传达上级机关的指示,发布规章,批转下级机关的公文,转发上级机关、同级机关和不相隶属机关的公文,传达要求下级机关办理和需要有关单位周知或共同执行的事项，任免和聘用干部。

（7）通报。用于表彰先进，批评错误，传达重要精神或交流重要情况。

（8）报告。用于向上级机关汇报工作，反映情况，提出建议，答复上级机关的询问和要求。

（9）请示。用于向上级机关请求指示和批准。

（10）批复。用于答复下级机关的请示事项。

（11）函。用于相互商洽工作，询问和答复问题，向有关主管部门请求批准等。

（12）会议纪要。用于记载和传达会议情况，主要精神和议定事项。

在公关活动中，除了命令（令）、公告等几种类型不用外，大部分都要运用到，其中请示、报告、通知、函等，更是公关活动必须运用的文体。

（三）公文的格式

公文格式是指公文写作必须遵守的规格和要求。它不仅是形式问题，而且是为了保证公文的合法性、准确性和完整性，加快公文的周转速度，提高工作效率。

公文的格式一般由标题、发文字号、主送机关、正文、附件、印章、成文时间、主题词、抄送机关等项构成。

1. 标题

由发文单位名称、事由、公文种类三部分组成。事由即公文主要内容的概括。一般在事由前加上"关于"两字，标题中一般不用标点符号。如"××电视机厂关于引进彩色电视机生产线的请示"。

2. 发文字号

包括单位代字、年份、序号。如"川卫〔1997〕10号"，其中"川卫"是四川省卫生厅的代字，"〔1997〕"是年份，"10"是发文的序号。发文字号位于文件名称的正下方。

3. 主送机关

主送机关是公文的收发、承办机关，是公文发送的主要对象。应写在正文之前，标题下的左上方，顶格写。

4. 正文

正文是公文表述事项的主干部分，是公文的核心。内容要求明确、简要、直截了当。正文一般由开头、主体和结语三个部分组成，公文质量的好坏，能否达到书面联系的目的，主要看正文写得如何，所以要重视正文的写作。

5. 附件

附件是与主体相对而言的部分，是附属于正文的文字、图表等材料，一般作为公文的补充说明或参考材料；但也有的附件如转发、批转、颁发的文件，则是公文的主体，正文只是起按语或说明批准、发布的作用。公文如有附件，应当在正文之后，成文时间之前注明附件顺序和名称。

6. 印章

公文除会议纪要外，应当加盖印章。公文只有盖上印章才能代表一个单位行使一定的职权。印章应盖在公文末尾成文时间年月日的中间，必须端正、清楚。

7. 成文时间

成文时间写在正文右下方，要写明年月日的全称，以领导人签发的日期为准。

8. 主题词

主题词是指公文中最能概括其内容特征、说明问题、起关键作用的词,所以又称关键词。一篇公文所选的主题词约二至五个。主题词不一定表达一个完整的意思,不考虑语法上的结构,只将几个词组合在一起。主题词标于文件的落款之下、抄送栏之上,顶格写。

9. 抄送机关

抄送机关是指与所发公文内容有关的机关。公文抄送给这些机关的目的是使其了解有关事情或协助处理有关问题。抄送给上级机关的叫抄报,抄送给下级或平级的叫抄送。抄送机关标于主题词之下。

例文:

国家发展改革委、建设部关于印发物业服务收费管理办法的通知

发改价格〔2003〕1864号

各省、自治区、直辖市计委(发展改革委)、物价局、建设厅、房地局:

为规范物业管理服务收费行为,保障业主和物业管理企业的合法权益,根据《中华人民共和国价格法》和《物业管理条例》,我们制定了《物业服务收费管理办法》,现印发给你们,请遵照执行。

附:《物业服务收费管理办法》

中华人民共和国国家发展和改革委员会
中华人民共和国建设部
二〇〇三年十一月十三日

(四)常用公文的写作

1. 报告

(1)报告的性质及种类

报告是企业(单位)向上级机关汇报工作、反映情况、提出建议、答复询问时所写的一种上行公文。它是一种重要的呈报性文件,广泛地运用于各系统各类型的公关部门中。社会组织及时上报情况,可以获得上级的指导、监督和支持,避免或减少公关失误。它还有助于领导机关了解下情、掌握动态、加强领导、调整决策。

报告的分类比较复杂。按照不同的标准,报告有很多种类:

按内容范围分,有综合性报告、专题性报告;按性质分,有工作报告、情况报告、递送报告和答复报告等;按时间分,有年度报告和月份报告等,还有定期和不定期报告。

(2)报告的写法

报告主要由标题、主送机关、正文和落款等组成。其标题一般由发文单位、事由和文种组成。主送机关是对所收报告负主要办理或答复责任的机关的通称,一般只应写一个主送机关。落款写发文单位和成文时间,加盖公章。

下面重点讲一下报告正文的写法。

报告的正文一般由开头、主体和结语三部分构成。

开头。报告的开头要求简明扼要地说明为什么要写报告,即缘由或目的,然后用"现将主要情况报告如下"之类的过渡句过渡到主体。

主体。这是正文的重心所在,写的是报告的具体内容,包括基本情况、主要经验体

会、存在问题及今后意见，以横式结构为主。内容较多时，也可以事情的发展变化轨迹，认识处理问题的过程来写，用的则是纵式结构。

结语。往往用"特此报告"、"以上报告当否，请指示"，或"以上报告如无不妥，请批转有关单位执行"等语。有的报告也可不要结语。

报告在写作上有一个大体的章法，但类型不同，写法各异。写作时应掌握其大体章法，并能灵活应变。如工作报告的写法一般是：先简介基本工作情况，如开展工作的时间、背景和条件。再陈述主要成绩和经验体会，如工作的进展状况，所采取的措施，取得的成效。经验体会是对工作实践的理性认识，要从实际工作中概括出规律性的东西来，以便指导今后的工作。然后写存在问题和基本教训，指出工作中的缺点和不足，分析工作失误的原因和值得吸取的教训。最后写今后打算。工作报告的内容必须以反映工作情况为主，对情况要有分析、有侧重，要说明看法和意见。一些递送报告，写法较简单，只说明随文上报什么材料或物品，请上级核查备案即可。答复上级查询的报告，应针对所查问题如实回复。

2. 请示

（1）请示的性质

请示是用以向上级请求指示或批准有关事宜时使用的一种上行公文。

凡是企业无权解决或无力解决，需经上级决断的问题，都要向上级请示。所以，请示这一文种，在企业（或单位）中使用范围较广，使用频率较大。它虽然同报告一样都是上行公文，但报告是陈述情况的呈报性文件，请示却是请求指示的请求性文件，两者的性质截然不同，不能混为一谈。

（2）请示的写法

请示有请求指示，请求批准和请求批转的，其写法基本一致，结构相对稳定。除正文外，其结构形式与报告相同，但要注意，标题中的文种"请示"不能写为"请示报告"或"报告"。

请示正文一般由请示缘由、请示事项和请示结语三部分构成。

请示缘由。应简明扼要而充分地陈述请示的原因、依据，说明提出请示的必要性。这部分既要写得充分、具体、正确，又不能把问题涉及到的范围写得太广，时间追溯过长。

请示事项。即请求上级给予指示、批复的具体事项，是请示正文的重点，请示事项要具体，所提建议和要求要切实可行，用语要明确肯定，谦恭得体。这部分写好了，才便于上级下决心批准。

请示结语。常用"以上请示妥否，请批示"、"特此请示，请予以批复"、"请批准"或"以上意见如无不妥，请批转有关单位执行"等。

（3）写作请示应注意的问题

第一，内容应力求单一，"一事一文"，切忌把互不相关的几件事写在一件请示里。

第二，请示不宜多头主送，多级主送，一般只主送一个上级机关，以免因责任不明或互相推诿影响办文效率和质量。请示还不宜越级上报。

第三，请示与报告有明显区别：首先，两者的行文目的不同。请示旨在请求上级指示，批准，重在请示；报告旨在向上级汇报工作、反映情况，提出意见或答复询问，不要求上级回答，重在呈报。其次，两者的行文时间不同，请示必须在事前行文，待上级批复后才能着手办理。报告则一般在事后或事情进行过程中行文。再次,两者内容的侧重点不同。虽然都有情况陈述,但报告的侧重点是在汇报情况,不能夹带请示事项,请示中的情况陈述也只是作为请示的原因而出现,即使情况陈述所占的篇幅较大,但其重点仍在请示事项上。最后,两者的受文机关处理方式不同,请示属于需要尽快办理的办件,收文机关必须及时批复。报告多属阅件,除需批转的建议报告外,收文机关对其他报告都可不作答复。因此,绝不能把向上级请求批准、指示的请示写成报告,也不能写为请示报告。

例文:

××公司关于增设地下消火栓需要资金的请示

市商业局:

我公司××冷库,系地区分配性重点仓库。厂区建筑面积×万平方米(其中冷库×平方米),贮存物资×千吨,价值××万元。多年来厂区防火设施比较简陋,除简易防火工具外,仅有消火栓一处。因年久失修,水压低,达不到喷水灭火要求,一旦发生事故,后果不堪设想。虽然省、市消防部门多次检查,提出建议,但因缺少资金一直没有按重点库区建设。为确保库区安全生产,做到常备无患,急需修建地下消防栓四处,需资金×万元。

妥否,请审查批示。

附件:《施工计划及预算》一份。

××公司
×年×月×日

3. 通知

(1) 通知的性质及种类

通知一般用于上级对所属下级指示,部署工作,阐明工作活动的指导原则和方法;传达上级的决定和指示、布置需要执行或办理的工作事项等。有指示性通知、告知性通知等。

(2) 通知的写法

通知的正文应由通知的依据(原因、目的、意义)、主体、结尾三个部分组成。

依据。是用简单明了的语言说明为了解决什么问题要发此通知,然后用一句过渡语:"现通知如下"或"特作如下通知"等转入主体部分。

主体。是通知的具体事项。内容比较复杂时,应分条、分段叙述,让人一目了然。

结尾。一般是提出要求,如:"以上通知,望遵照执行"或用一般号召性文字提出希望和要求。有些通知,也可以没有结尾部分。

通知提出的要求应切合实际,语言表达要准确,文字要精炼。对要求解决什么问题,为什么要解决这些问题,怎样去解决这些问题,要写得清楚明白。

例文:

××市居住小区管理办公室关于物业管理单位经理岗位培训的通知

各物业管理单位:

根据××部文件要求,"物业管理企业经理采取定点培训。经研究决定,××培训中心、××为全国物业管理企业经理岗位培训指定单位。"本市的物业管理单位经理可视自身情况，自行选择上述培训地点（见附件）。

已取得《××市物业管理资质合格证书》的物业管理单位中，除经理外，其他岗位的负责人，包括分公司经理、房管段（站）长、物业管理处主任、部门经理及房管员等必须参加我市组织的部门经理、管理人员岗位培训。具体时间地点另行通知。

附件（略）

××市居住小区管理办公室

×年×月×日

有些通知如告知性通知写法比较简单。

例文：

入户通知书

××先生（或女士）：

您好！

您所认购的×号楼×层××室，已经验收合格，准予入住。

（一）请您按照入户通知书、入户手续书、收楼须知和收费通知办理入住手续。办理时间为3月31日～4月2日，办理地点在××小区院内×号楼×门×号。在规定时间内，房地产开发公司财务部、地产部、物业管理公司等有关部门和单位将到现场集中办公。

（二）在办理手续前，请您仔细阅读收楼须知。如果您本人不能前来办理，可以委托他人代办，或在4月6日后到××路×号房地产开发公司办理手续，然后再到××路×号物业管理公司办理入住手续。

特此通知

××房地产开发公司

××物业管理公司

×年×月×日

4. 函

函是平行单位或者不隶属的单位之间，相互商洽工作，询问和答复问题，向有关主管部门请求批准的一种常用公文。

在一般情况下，函不具有指导作用和指示作用。但是向上级机关询问的重要问题所发的复函，也有指示作用，甚至可以作为处理问题的依据。因此，函的格式要求比较严格，行文也较审慎。

函的应用范围较广，凡是联系工作、商洽事情、询问情况、介绍人事、催办公务、答复问题都可使用这种函件。不仅单位之间常用，单位对个人也可以用，如答复群众的来信来访。

函实为一种关于公务的书信，其撰写格式与书信格式同。对单位一般要使用标题，表明性质或函的中心内容；正文主要写明复函的依据，答复的具体内容，以及复函、来函的原因及要求等；结尾与书信同，使用致敬语，署名具时，还应加盖印章以示慎重。

例文：

关于印发《建设部城市建设司 2004 年工作要点》的函

建城综函 [2004] 23 号

各省、自治区建设厅、直辖市建委……：

为贯彻落实全国建设工作会的工作部署，现将城市建设司 2004 年工作要点印发给你们，供各地在工作中参考。

附件：《建设部城市建设司 2004 年工作要点》

建设部城市建设司
二〇〇四年二月十八日

三、书信

书信，是社会组织开展公共关系活动不可缺少的沟通媒介，是常用应用文之一，主要用于联系工作、商洽事务、交流感情。在公共关系活动中，常用的有介绍信、证明信、感谢信、申请书、便条等，它们的写法各不相同。下面着重介绍一些常用书信的写法及应注意的问题。

（一）介绍信

为了便于联系工作，社会组织在派出公关人员与公众接洽时，往往要出具介绍信。介绍信的内容，主要是对接洽人员的姓名、职务、联系事项等方面作出介绍和证明。

例文：

介 绍 信

××影剧院：

  兹介绍我公司服务部×××同志前往贵院联系租用电影放映设备事宜，请接洽。

  此致

敬礼

××物业管理公司（盖章）
×年×月×日

（二）证明信

证明信是用于证明有关人员的身份、经历、学历或其他有关事宜的真实性而使用的一种专用书信。其格式及写法如下：

例文：

证 明 信

××公司：

  你公司×××同志，系××省×县人，现年××岁，确于 2002 年 7 月在我院中文系毕业，情况属实。

  特此证明。

××××学院（盖章）
×年×月×日

（三）感谢信

感谢信一般是为了酬谢对方为自己做了好事,或者曾在工作、生活等方面给予了大力支持和帮助,使任务胜利完成而写的。

其写作格式如下:

(1) 标题。通常写在第一行正中,用醒目的大字书写。

(2) 正文。先顶格写称谓,再另起一行空两格写正文内容,一般有两个方面:简述事迹,说明效果;颂扬品德,表示决心,最后写致敬意。正文要求言之有物,言简意明,重点突出,层次清晰。

(3) 署名和日期。写在正文的右下方。

例文:

感 谢 信

市歌舞团:

  12月31日晚,我公司在××小区组织了一次"元旦联欢活动",为支持我公司的工作,你团在演出任务非常繁重的情况下,仍然抽调一批优秀演员来小区演出,让我们度过了一个欢乐、祥和的除夕夜。对此,我公司全体员工向你们表示衷心的感谢!

  我们一定在党的领导下,热爱管区,加强管理,用优质服务,不断满足小区人民的需要,以实际行动报答你们的支持。

  此致

敬礼

××物业管理公司
×年×月×日

(四) 邀请书

邀请书是公共关系活动中传递感情、通报事务的一种便捷的联络文书。其内容往往是通知对方在什么时间、地点、参加什么活动或集会。

例文:

邀 请 书

×××先生:

  为了提高服务质量,改善管理环境,促进大家的相互理解,谨定于×月×日×时在我公司二楼会议室召开业主代表座谈会。特邀请你参加会议,并请发表意见,望准时出席为盼。

  此致

敬礼

××物业管理公司(盖章)
×年×月×日

在公共关系活动中,除了上面谈及的书信外,还有其他的常用书信,其格式和写法大同小异,这里就不再一一介绍了。不管是哪种类型的书信,写作时,都应注意态度要诚恳,避免消极词汇的出现,文笔要轻松、活泼,尽量融进和谐的微笑,这是公关书信写作的基本原则。

四、柬帖

在物业管理部门的公共关系活动中,经常需要以柬帖的形式解决本部门与业主之间的问题,密切相互之间的关系。柬帖是信件、名片、帖子等的统称,是常用文书的一种。它随着时代的变化而变化。掌握各种柬帖的写法是公关人员的重要素质要求之一。

（一）柬贴的特点

(1) 文字简单清晰、规范、准确;

(2) 语言庄重文雅,语气婉转,热情诚恳;

(3) 样式美观大方,符合柬贴的内容。

（二）几种主要柬帖举例

1. 日常券柬帖

茶 会 请 帖

兹定于2月5日下午2时,恭请房管所王侠同志报告欧洲之行经过。敬备茶点,恭请光临。

××物业管理公司公关部
×年×月×日

2. 庆、吊类柬帖

例文：

恭　　贺

珠海度假村：

吴兆声经理荣任全国保龄球协会副会长。

志喜

××敬贺
×年×月×日

例文：

本公司前理事长赵安先生于××年×月×日逝世,享年78岁。谨于9月20日上午9时,在本公司礼堂举行公祭,随即发引安葬市公墓。

谨此

奉×××

环城企业股份有限公司
×年×月×日

第二节　公　关　广　告

一、广告与公关广告的概念

（一）广告的概念

广告,汉语的字面意思为广而告之,广泛劝告,即向公众告知其事件。广告有广义与狭义之分。狭义广告又称商业广告,它是广告主有计划地通过媒体直接或间接地向所选定的消费者介绍自己所推销的商品或服务等的优点和特点，以唤起消费者注意，并引导消费者购买或接受服务的一种付费宣传或信息传播活动。广义的广告包括了商业广告和为达到某种宣传目的的非盈利性广告。在日常生活中，人们所称的广告往往指的是商业广告。

（二）公关广告的概念

公关广告是社会组织运用大众传播手段，把组织的有关信息有计划地传播给公众，以提高组织的知名度，树立组织良好形象为目的的一种重要宣传形式。它是以宣传的意图划分的广告门类之一，这类广告的目的，并不在于直接鼓动公众购买本组织的产品或接受服务，而是借助于公共关系手段唤起人们对本组织的注意、兴趣、信赖和好感，从而树立组织的形象，建立和改善组织与公众的关系，它是一种从根本上提高组织声誉的战略性广告。

二、公共关系广告的类型

公关广告的类型划分没有固定的模式，按照不同的实践需要以及主体的不同视角，可以作多种划分，下面介绍五种常用类型：

（一）企业广告

企业广告又称为介绍广告。它的内容是介绍企业方面的情况，以及解释企业生产或服务的目的意义，宣传企业的经营战略和价值观念等，它介绍的是企业本身，而不是产品或服务，因而在内容上不同于产品或服务项目介绍，其作用是加深公众对企业的了解，从而推销企业的良好形象。

（二）响应广告

响应广告是通过大众传播媒介，对政府的某项方针、政策、措施、号召或者当前社会生活中的某一重大主题和公众关注的焦点，以及对社会各界、甚至组织所发出的富于建设性的倡议，以组织名义予以响应而制作的广告，其目的是体现企业放眼全局的胸怀，关注现实参与社会事务、支持兄弟组织的善举，给公众留下企业积极关心社会、关心时势、关心公众的印象。

（三）创意广告

创意广告又叫倡议广告，是指以组织的名义率先发起组织某种富于新意的社会活动和文化活动，或提倡某种有开创意义的观念、举措的广告。它以有益于社会，有益于公众为目的，给人以某组织关心社会、关心公益、关心顾客的印象，从而对于树立和改变企业形象有所裨益。

（四）心象广告

心象广告也叫观念广告，它是塑造企业的性格，以建立某种观念为目的的广告。它既不直接宣传组织的产品，也不直接宣传组织的信誉，它是通过广告宣传，建立和改变社会公众对一个组织或对一种产品在心目中原有地位，建立或改善一种消费意识，从而树立一种新的消费观念，这种新的消费观念的树立，可以使社会公众倾心于某个组织或某项产品，如日本松下公司提出的"饥饿精神"，意在居安思危，不断进取，唤起组织对未来的危机感，不断革新，不断开创新产品，开拓新领域。七喜汽水公司面对可口可乐和百事可乐的市场优势，开展了"七喜从来不含咖啡因，也永远不含咖啡因"的宣传攻势，利用人们畏惧咖啡因的心理，使更多的软饮料消费者建立了新的消费观念。

（五）影响广告

影响广告就是组织通过举办各种活动，显示组织的实力，以提高组织或产品的知名度、信誉度。如借落成、剪彩、庆典等大型活动来制造声势，或举办专题报告会、展览会、开展厂庆等活动来扩大影响。

三、公共关系广告技术

（一）确定公共关系广告的主题

公共关系广告主题是公共关系广告的灵魂，制作公关广告首先要根据公共关系广告的内容确定公共关系广告的主题，明确公共关系广告的目标。不同的公共关系广告内容，可确定不同的主题和不同的目标。

（1）以建立企业信誉为主题的公共关系广告，其目的在于追求企业的整体形象美，其手段可通过介绍企业的历史、现状、企业的经营方针及服务宗旨、企业的先进技术和设备等来达到目的。

（2）以公共服务为主题的公共关系广告，目的在于扩大企业的知名度，让社会公众相信企业的经济实力和高尚的社会风格，其手段可以通过为社会福利事业和社会公益事业的发展提供赞助来达到目的。

（3）以经济贡献为主题的公共关系广告，目的在于加深社会公众对目前经济情况的了解，指出企业对国家经济发展的贡献，详尽说明企业经济活动的成就及对国家和社会所作的贡献。

（4）以追求特殊事项为主题的公共关系广告，目的在于引起广大公众、社会有关人士和新闻机构的兴趣和好感。其手段可以通过为某社会组织或经济组织的新址落成典礼、开业典礼、周年庆典、庆功颁奖等提供赞助来加强与社会各界的友好往来。

（二）选择表达方式

公关广告的制作离不开文字表达，一则成功的广告，在很大程度上取决于广告文词的设计和撰写。广告文词的基本要求是思想性和艺术性的有机结合。国外有人概括出了广告文词写作的五法则：要有设想、要有冲击力、要有趣味、要有信息、要能引起冲动。

表达方式是指作者运用语言反映社会生活和思想感情，实现写作目的时所采用的各种具体的表现方式或手法。写任何文章，都要根据写作目的和客观对象本身特征的不同，从众多的体裁中选择最合适，最恰当的体裁，运用相应的表达方式，才能写出合乎规范的文章。

文章最常用的表达方式有叙述、描写、抒情、议论、说明。公关广告由于写作的目的、广告主题、商品或劳务特性、接受对象的不同，在表达方式上大体可分为叙述型、描写型、抒情型、议论型和说明型五种基本类型，这五种类型在一篇广告稿中可以单独使用，也可以交叉使用。

1. 叙述型

叙述型是指以叙述为主要表达方式而撰写的广告文稿，叙述型广告采用第一人称或第三人称，需要交待清楚人、事、时、地、因、果六个要素，主要回答"做什么"的问题，它用事实说话，强调"以事显理"，常用来记叙组织机构的发展历程等。

例文：

四十年风雨兼程路，看轻骑马到成功时

一家公私合营的小厂，一步步发展成为一个现代化的国家特大型企业，中国轻骑集团走过了四十年的艰辛路程——

从生产出中国第一辆轻骑型摩托车,到拥有 8 个系列 60 多个品种,产品适应着国人步入现代富足生活的多样化需求;

从被确定为国家级企业技术中心,到获得 ISO 9001 国际质量体系认证,昂首跨入世界级优质供应商的行列;

从建立遍布全国的 3000 多个销售网点和 1000 多个维修服务站,创造出国内同行业产销第一的骄人佳绩,到成立 10 多家国外销售公司,产品出口 30 多个国家和地区,综合实力进入世界同行业前五强……

今天的轻骑,已从艰苦磨练中探索出一条振兴中国民族企业的必由之路,不断借鉴和吸收世界最新技术潮流,积累丰富的专业化经验,以多样化的产品、出色的营销和完美的服务,确立在国内市场的主导地位;同时,勇敢地跨出国门,以世界级的优秀品质,参与国际竞争,创立中国的世界名牌,振兴中国的民族企业!

2. 描写型

描写型是指以描写为主要表达方式而撰写的广告,描写型广告主要是将组织机构的情况,即"什么样子"告诉给公众,多见于房地产、旅游、宾馆、娱乐、服饰、美容美发等组织机构,着重于描写美的自然环境,优越的设备条件和广泛的用途,完善的功能等。

例文:

这是一片神奇的土地,一把龙王坐镇的石椅,一湖美人遗香的碧水,散发着远古不尽的幽思。这是一块祥瑞的土地,依山面海,龙脉绵延,白沙无垠,雪浪拥岸,如瑶池仙境,似世外桃源,尽洗人世间尘烟,这就是——香水湾。

3. 抒情型

抒情型是指以抒情为主要表达方式而撰写的广告,抒情型广告可以直接抒情,也可以间接抒情,既可以抒发对组织机构的赞美之情,也可以抒发对消费者的关心、爱护和感激之情。总之,以情动人,以情感人的抒发来打动公众的心弦。

例文:

  不要乱抛垃圾,否则,你将不得不在垃圾堆里度假。
  不要污染空气,否则,你将不得不戴着防毒面具上街。
  不要污染水源,否则,一杯清洁水的价格将会令你咋舌。
  不要滥捕杀野生动物,否则,将来孩子们只能在画册中看到它们。

——××化妆品公司环境保护公益系列广告

4. 议论型

议论型指以议论为主要表达方式而撰写的广告。议论型广告可采用第一人称或第三人称,一般包含有论点、论据、论证三个要素,主要回答"为什么"的问题。它以理服人,通过叙述事实,讲清道理,使公众对组织机构产生好感。

例文:

我们也来塑造希望之星

青少年是我们的希望所在,未来的希望之星。贫穷地区的孩子渴望着上学读书的机会。"希望工程"是春风,是雨露,它将滋润着幼苗的心田,激励他们茁壮成长。我们热烈响应政府的号召和兄弟企业的倡仪,每年捐款×万元,以此为这项意义深远的工程添一块砖、一片瓦。

××物业管理公司

5. 说明型

说明型指以说明为主要表达方式而撰写的广告。说明型广告在各种广告媒体中广泛应用,它原原本本地介绍所宣传的组织机构"是什么",将客观性、科学性、知识性与实用性、指导性、可读性有机地结合在一起以达到教人以知,导人以用的目的。

例文:

××物业管理有限公司是一家具有国家二级专业资质的独立法人资格企业,于1998年3月注册成立。现有员工500余人,各类专业技术人员50余名,大专以上学历31人,其中中级职称11人,副高职以上人员2人。下设公司综合管理部、质量保证与文化建设部、市场发展部、工程部、绿化园艺养护中心(基地)及16个物业管理项目部,管辖面积130万平方米,多个项目被评为市级优秀。

几年来公司始终不忘"求是"精神,全体员工在"严谨、规范、高效、热情、创新"的企业精神激励下,坚持以人为本、品牌经营的发展战略,在实践中不断探索总结经验,努力实现服务规范化、专业化。展望未来,我们信心百倍,将一如既往的秉承"全心全意为业主服务"的宗旨,实现我们与业主的"双赢"格局。

(三)公共关系广告的写作原则

广告语是一则广告整体形象的点睛之笔,它行文的依据首先是广告对象自身的价值;其次是适应媒体特征。如电视广告,因媒体是电视屏幕,广告语需配合画面才过目不忘。再如电台广告,因媒体是电台播音,广告语需口语化才上口好记。下面我们着重从表达商品自身价值方面谈谈广告语的写作原则。

1. 真实性原则

为了保护消费者的权益和广告的信誉,国家非常重视广告的真实性,在《广告管理条例》以及后来有关广告的法规文件中,一再强调广告的内容必须真实可靠,不得有任何形式的虚假和欺骗。广告语写作必须符合商品质量和外观的真实,如房地产广告涉及内部结构、装修装饰的,应当真实、准确。广告语虽说允许使用修辞手法,但表达时不可夸饰,要有分寸,更不可无中生有。如涉及尚未实现的物业管理内容,应当在广告中注明。广告语反映的形象诚实谦恭,才能获得消费者的好感和信任,那种言过其实、哗众取宠、大话、空话、套话的广告语不但违背了广告真实性原则,同时也是一种违法行为。公关广告涉及到组织或企业的形象及信誉,更应注意真实性原则。

2. 思想性原则

公关广告一旦通过宣传媒体和艺术制作出现在公众面前,其潜移默化的宣传效果无疑对社会文化和社会风气有着不可低估的影响作用。因此,写广告语一定要充分注重其社会效果,做到思想健康,格调高雅。只有这样引发的公众对企业的情感才可能是积极的。那种宣传色情、虚荣、自私、享乐等低级趣味以及有损国格、人格、民族情感的广告语都是一种违法行为。《广告管理条例》及有关法规明文规定广告下列内容之一的,不得刊播、设置、张贴。

(1)违反我国法律、法规、政策的;

(2) 损害我国国格、民族尊严的；

(3) 有国旗、国徽、国歌标志、国歌音响的；

(4) 有反动、淫秽、迷信、荒诞内容的；

(5) 有诽谤性宣传、贬低同类产品的。

3. 艺术性原则

广告不同于一般宣传品，它必须有艺术魅力。当广告同文学、戏剧、绘画、音乐、舞蹈、电影电视等艺术结合时，其广告语应适应上述艺术的特点，这是一个前提，在这一前提下广告语艺术性体现如下三个方面。

(1) 构思巧妙，不落俗套

广告语写作同其他写作一样，最忌重复、单调、落于俗套。如用问答式构思的广告语，人人套用，就人见人烦了。

××钟表公司，为扩大××表销售量，在母亲节时做了一则广告，其广告语构思是用母爱的机梭，织出了情理的网络，套住了千千万万的子女。其构思新颖别致，具有很强的诉求力量，蕴含着深刻的内涵。

妈妈以时间换取我的成长

推动摇篮的手就是统治世界的手，也是最舍不得享受的手。

1/4 的妈妈没有表：不是买不起表，只是她们认为在家里忙家务，戴不戴表都无所谓，何不把钱省下来当家用。

2/4 的手表是旧款老表：妈妈们的手表至少有一半以上是旧表老表，有的是结婚前的，有的甚至是儿女嫌旧不要的……她们舍不得享受，即使是旧的，她们也认为蛮好的。

3/4 的妈妈还是要戴表：虽然妈妈们经常为了料理家务不方便戴表，但是她们偶尔外出购物、访友、娱乐身心时，她们还是需要佩戴一只手表。

向伟大的母爱致敬，别再让母亲辛劳的手空着，本公司为庆祝母亲节，特别洽请××表提供最适合母亲佩戴的女妆表 5000 只，即日起到 5 月 11 日止，以特别的优惠价供应，欢迎子女们陪同母亲前来选购，送给母亲一份意外的惊喜。

(2) 表达清晰明白，新颖活泼

繁杂冗长，表述不清是写广告语之大忌。有一则路牌广告，其广告语是"美尔雅西服不言领先"，这"不言"二字易生歧义，使人犯疑。《水浒》中武松过景阳岗，岗下酒店的广告语是"三碗不过岗"，简洁明白，过目不忘。做到简洁明白，还须讲究词语新鲜，那种"价廉物美，驰名中外"的陈词滥调，往往容易造成读者距离感或逆反心理，反而起不到作用。

(3) 适当讲究修辞，形象生动

广告写作以真实为本，在不违背这一原则前提下，适当讲究修辞，可以增强广告语的形象感。如双关、衬托、对偶、比喻、设问等，也可巧用诗词、俗谚、歌谣、歇后语、成语警语，使读者耳目一新，从而激起对企业的友好情趣。如"团结创新，开拓未来"、"管理物业，我们专业"等。

(四) 公共关系广告的结构

广告语一般由标题和正文、结尾组成。

1. 标题

像看报一样，人们看广告常常是先看标题后看内容。如果标题简洁醒目，独特新颖，生动有趣，就会吸引读者，并产生出对于该组织的好感（或对该产品的购买欲望）。山叶钢琴广告的标题是："学琴小孩不会变坏"。为什么？读者自然要看下去，如果信服其理由，就会把给小孩买钢琴列入开支计划。有的标题采用新闻多行标题法，有引题、正题、副题。如：您有精品之家吗？（引题）请瞧瞧，××天地（正题）。每行标题大多有虚有实，虚实互补，相得益彰。至于标题如何拟定，得根据广告媒体，广告对象，广告内容来确定，没有固定模式。美国派克墨水的广告标题仅一个"畅"字。有一个名牌产品的广告标题是"不实行三包"。

2. 正文

广告正文是广告内容的核心部分，通过它使消费者了解组织或企业的基本情况。写时既反对空洞无物，又要反对面面俱到。广告语正文要突出中心，对商品而言，各种商品因本身性质不同，市场不同、消费者不同，选择表达的中心就不一样，有的重在性能、有的重在原料、有的重在功效、有的重在价格、有的重在安全、有的重在产地。对物业管理而言，重在公司的信誉，重在管理和服务。如："您的微笑是我们的心愿！您的满意是我们的追求！""营造独特文化品味，让您的物业保值增值。"

3. 结尾

广告结尾常写组织或企业名称、地址、邮政编码、电话号码等。如直接用组织或企业作标题的，也可省略这部分内容。例：

××物业管理集团

我们以精诚服务为理念，演绎2000万物业管理面积上150万业主的精彩生活。

第三节　公　关　简　报

一、公关简报的含义

简报是机关、团体和企事业单位用来汇报工作、介绍情况、交流信息的一种文书，是最灵活、最常见、最普遍、使用范围最广泛的应用文体。

简报与公文都是单位内部的文件。两者的区别在于：公文是传达政令或协商工作的文件。它要求对方对公文中提出的问题作出处理和答复，因此，只能主送一个或几个有关单位；简报是反映情况、提供参考，不是要求对方办理某件事，因此发送的范围也比较广。由此可见，凡是提供参考的材料，都适合于发简报。在当今的信息社会里，简报更起到了传播、交流、反馈信息的"轻骑兵"的作用。因此，简报也是公关活动中必不可少的工具。

公关简报是公关活动中使用的一种简报形式。一般是不定期出版的综合性文书，它要求用简明的词句及时把社会动态、信息、本企业的经营管理成果和经验反映出来，对公众来说，它是一个重要的信息源，起着传播信息，沟通情况的作用，有助于企业与公众之间的相互理解，支持与合作，也有助于提高企业知名度和美誉度。

简报有很多种类：

从刊出的时间分，有定期和不定期的。

从刊登的内容分，有专题性的，综合性的、动态性的，经验性的。

从性质分，有工作简报，会议简报，学习简报等。

从行文的关系分，有上行的，平行的或下行的。

从阅读范围分，有专供领导参考的，还有有关人员都可以看的。

下面，着重介绍几种常见的简报：

（一）工作简报

工作简报是社会组织用以反映工作进展情况的简报，它可以介绍工作经验、工作方法，也可以反映工作中出现的问题。一段时期的简报大致能反映该单位在这段时间的工作情况。

（二）动态简报

动态简报是用以及时、简明地反映不同群体的人在新形势下的各种思想动态及新近发生的重大事情、新近出现的新情况、新问题、新动向的动态性简报。

（三）会议简报

会议简报是用以反映重大会议进展情况的简报。它的时间性很强，其内容一般包括：会议的准备情况、会议的内容、领导的讲话、代表发言、会议决定等。它由会议的主办者在会议期间编写，会议结束即终止。

二、公关简报的特点

（一）实

写作简报首先须实事求是，简报所用的材料必须十分可靠，全面、真实地反映企业自身和外界的客观情况，那些不可靠的，道听途说的材料是不能上简报的。真实是简报的生命，一旦失去了真，也就失去了读者，失去简报存在的价值。

（二）新

公关简报的内容要富有新意，这是简报的价值所在。它要求反映新情况、新问题、新信息、新经验、新动向，能给人以启发和借鉴。刊登一般化的东西，过时的东西，就失去了简报"轻骑兵"的作用，这样的简报是没有生命力的，只有那些内容、观点具有新意的简报才能更好地推动工作向前发展。在这方面，简报和新闻有共同之处。

（三）快

公关简报有很强的时限性。它的任务是把情况迅速地及时地反映给上级部门和有关部门。因此公关简报能否发挥作用，快慢是个重要因素，如果编发简报迅速及时，事情发生之后马上予以反映，那么，就能使刚发生的问题得到有效控制，使新事物、新创造得到及时支持和扶植，如果时过境迁，问题发生了新的变化，才来过问，那会使工作处于被动局面，甚至会造成损失。

（四）简

简报应"简"，即简明、简洁、简要。简，不仅指文字要少，篇幅要短，更主要的是它追求用少量的文字概括出事实的精髓及意义，是在说明问题的前提下的简。因此，写作时，必须做到内容集中，篇幅简短。

三、公关简报的格式及写法

公关简报的写作有固定格式，它由报头、报核和报尾三部分组成。

（一）报头

报头一般是固定的，在首页上方，包括几项内容：

(1)简报名称。用大字号写在报头中间的位置。多数套红。名称包括制作简报的单位名称或简报性质和简报种类,如《成都建设局简报》、《×××动态》、《情况简报》。

(2)期数。写在简报名称下方,如(第××期)。

(3)编制单位。写在报头左下方,如××编印。

(4)发简报时间。写在报头的右下方,与编制单位平行处,写上印发日期、包括年、月、日。

(二)正文

正文又称报核。它的上方有一条间隔横线与报头分开。它包括标题、开头、主体、结语几部分。

1. 标题

简报标题在间隔线下居中位置,它要求简洁、醒目、能准确概括其内容,并有一定吸引力。

2. 开头

开头的写法同一般文章写法大体相同,应简明而漂亮地概括全文中心和主要事实,给读者一个总的印象。开头一般都要明确交待谁(某组织)干什么事情,结果怎样等几项内容。

3. 主体

即简报的主要部分。应紧承开头,对要反映的内容进行充实,使之更明确、具体,同时也要注意条分缕析,言简意赅,短小精悍。

4. 结语

简报结语要深化主题,给读者留下深刻的印象。文字要简练有力,言止意尽,不可拖泥带水,有的简报也可没有结语。

(三)报尾

正文之后是报尾,位于简报最后一页的末端处,它的上方有一条间隔横线与正文分开。包括发送范围和印发份数。

简报的编报方法可以不同,但必须把某一事件中的重要信息,公众的情绪,主要经验体会,存在的问题,采取的措施,下步安排等全面反映出来,以便领导及有关部门作参考。对某些重要问题或带倾向性的问题,公关简报可以加上按语,阐明意义,强调重要性,以唤起读者的注意。

简报的文面格式如下:

××××简报

第×期

××××编　　　　　　　　　　　　　　　　　　　　　×年×月×日

标题

正　文

报:×××

送:×××

共印:×份

例文：

一场漂亮的"攻坚战"

6月22日星期天迎来了今年以来最闷热的一天，最高气温逼近35℃，达到34.8℃。然而在这异常闷热的休息日，物业管理中心维修部的全体成员放弃了休息，连续两天为打好一场"攻坚战"作前期准备。

随着本学期毕业学生的离校，学校决定趁此机会调整部分学生宿舍的布局，以使宿舍更趋合理化、人性化。由于学生离校与新学生入住时间相隔仅有几天，面对各有6个层面36间房间369只床位及大量配套实施的两幢门楼，室内设备既要拆卸又要放置到指定位置，就是训练有素的专业搬家公司也难以接受这么紧迫的任务。在这紧急关头，物业管理中心义不容辞地接受了校领导和公司总经理的指示，并立下了在6月26日24时前拿下25、26号两幢门楼宿舍楼室内设备拆除和安装工作的军令状。物业管理中心在揽下这一艰巨任务后即合理组织调配力量、配齐必须的工具，并进行了战前动员，让参战人员明确这项工作的紧迫性和重要性，要求大家在确保安全的前提下，坚决按时、按质、按量地完成任务。

次日，气象预报为多云转阵雨，雨量中到大，气温32℃。早上8时刚过，物业管理中心的领导亲临现场，来自大楼、维修、安保、绿化保洁的人员在各部门经理的带领下，以参战的姿态有条不紊地进入预先安排好的岗位。大家分别拆的拆、搬的搬，组成的传递长龙由底层渐渐向上延伸。在搬运过程中真可谓困难重重，这些临时组合的队伍从来没有搬运的经验，刚开始没有卡车，更没有对重达200斤左右的大型家具合理的搬运经验。然而副总经理×××常挂在口头的"办法总比困难多"话语激励了大家，在工作中学会工作，没有经验就通过不断调整合理的工位而获取最佳效果，没有卡车就用三轮车、平板拖车运输。在对大型家具搬运措施方面，遇到了一些问题，副总经理×××利用他擅长的机械原理，指导维修人员很快制作了两套简易滑轮起落架，安装到位后对大型家具的顺利搬运起到了事半功倍的效果。虽然这项艰巨的任务是由物业管理中心承担的，但"后勤是一家"的理念始终贯穿其中。负责宣传工作的生活中心主任×××在现场抓拍动人的场面激发了广大员工的积极性；餐饮中心特意为此准备了热气腾腾的烧麦、包子等可口的点心；由于他们的关心，物业的大多数员工都能连续作战到工作的结束。副总经理×××获悉缺乏运输车辆急调驾驶员顾师傅连同卡车支援参战；又在下午率领餐饮中心全体经理慰问物业搬运员工；党总支书记、副总经理、党总支副书记、工会主席到现场向大家表示慰问，并向大家分发了防暑饮品。领导的关心、各兄弟中心的支持，使大家信心倍增。出现在两幢楼组前后的四支队伍颇为壮观，前面围绕着两台简易滑轮架分别有十多人的队伍，随着一声声号令，绳索上下飞舞，大件家具一件件从天而降；后面则由员工排成的长龙，将床架、床板等其他物品传至地面。眼看天空渐渐灰暗，大家期待着胜利的来临，但一场突如其来的暴雨又一次考验我们的力量，虽然大家疲惫不堪，浑身肌肉酸疼，但都坚持在忽停忽下的雨中继续战斗。晚上7时许，党总支书记××再一次来到现场，嘱托大家要注意安全，再接再厉圆满完成任务。夜，渐渐深了。当最后一批大型家具装上了车，大家才如释重负地感叹：任务的艰难，责任的重大。在接近21时的时候，奠定了胜利的基础。紧接着维修部门全员动手，马不停蹄连续两天安装从××校区迁来的全套寝室用具，直至26

日17时30分,一场漂亮的"攻坚战"画上了圆满的句号,为宿管中心能提前进入清理,赢得了宝贵的时间。

一个人是要有点精神的,一支队伍是要有点力量的。百炼才能成钢,物业管理中心要以一流的工作实绩服务于人,需要一流的服务态度,一流的管理水平,更需要一流的办事效率。

(物业管理中心供稿)

第四节 新 闻 稿

一、新闻与公关新闻

(一)新闻

新闻就是新近发生事实的报道。具体地说,新闻是经大众传播媒介报道的新近或正在发生的有社会意义的事实的信息。它有广义与狭义之分。广义的新闻包括消息、通讯、特写、调查报告、评论等多种形式。狭义的新闻就单指消息。新闻具有事件真实、内容新颖、报道快捷、篇幅简短的特点。它能使读者迅速了解很多的新信息,是深受读者喜爱的一种文体。

(二)公关新闻

在公关活动中,为了使公众了解本组织的情况,而将本组织新近发生的为人们所关注的、具有积极意义的事件,通过报刊、广播、电视等大众传播媒介传播出去的报道,就是公关新闻。公关新闻有多种类型,本节所谈的主要是指消息。

公关新闻常被称为"不花钱的广告"。在今天这个科技发达、信息交流频繁的年代,报刊、广播和电视等传播工具的影响越来越广泛、深入,在公众中极具权威。因此,作为公关人员,第一要务是与新闻界保持最密切的联系,其次,是公关人员自己也应成为一名合格的"记者",学会写作公关新闻。

二、公关新闻的特点

(一)时效性

新闻首先强调的是"新",报道的事情必须是最新发生并引起公众兴趣和注意的。事件发生的时间与报道的时间间隔越短越有新闻价值,一般说来,新闻的时效性与新闻价值成正比。因此,切忌把新闻拖成旧闻。

(二)重要性

新闻传播的信息是新近发生的重要事实,与社会生活休戚相关,受到公众广泛的重视。那些对政治、经济、文化生活和切身利益产生一定影响的事件,与公众的利害关系较大,因此,新闻的重要性不仅在于新闻事实本身的重大,而且还在于它对社会公众产生的巨大影响上。

(三)公告性

新闻传播的国家法令、方针、政策及社会生活中的事件,都具有鲜明的公开性、公告性。虽然有些公告并非都是新闻,但新闻都具有公告性,能促进全社会的协调发展。

(四)真实性

新闻是客观事实的反映,真实是新闻的生命。新闻的本源是事实,事实是第一性的,新闻是第二性的；事实在先，新闻在后。只有真实的新闻才能取信于公众。公关人员向新闻媒介投递新闻稿件时，必须实事求是，尊重和坚持新闻的真实性。

（五）趣味性

新闻含有一定趣味性才能引起公众的兴趣和关注，使公众在愉悦中接收信息、增进知识、开拓眼界、陶冶性灵，提高欣赏水平和审美情趣，为了做到这一点，必须研究公众的思想、情感、情趣、愿望、爱好、求知欲和好奇心。为此可在新闻信息中增加轶闻趣事或背景材料等，增加新闻的可读性、趣味性，从而满足公众的知晓欲。

（六）经济合理性

对公关活动来说，新闻是大众传播的重要手段之一，必须合理利用。由于新闻是"第三人称"作的"事实的报道"，并经过新闻单位的筛选后才发出的，因而其心理效果比"第一人称"所作的广告要好，容易赢得公众的关注和信任。新闻又是"不花钱"的，在经济上也较为合算，可见，利用新闻传播进行公关活动是有必要的。

三、公关新闻的写作

（一）新闻稿的六要素

从新闻稿整体上看，要把一件事情讲清楚，就应交代清楚新闻事实发生的六要素，即：何时、何地、何人、何事、何因、如何进行。

新闻事实总是由具体的新闻要素组成，要清楚、完整地表现事实，就必须交待清楚新闻事实的几个基本要素，否则，难以把事情说清楚。

（二）新闻稿的结构

新闻稿的结构一般包括标题、导语、主体、结尾、背景五部分。

1. 标题

这是新闻主要内容和主要精神的体现和概括。标题是新闻的眼睛，新闻竞争的广告，是新闻发生作用的起点，公关人员拟写新闻稿时，要特别注意标题的制作。标题用词要字字推敲，最好能做到新奇、生动、形象、富有吸引力，才能吸引读者，抓住读者的心。

新闻标题的格式一般有三种：单行标题、双行标题、三行标题。

单行标题是用一句话表达文章主题。这是运用最多的标题形式。

双行标题有两种情况：

一是引题加正题，即在正标题上面还有标题，称为引题。引题的作用是交待背景、点明意义、烘托气氛，用以引出正题。如：

技术改造显神威（引题）
煤气公司扩容成功（正题）

二是正题加副题，即正题之下还有标题，称为副题。副题和正题搭配使用，是对正题的补充或说明．如：

煤气公司扩容成功（正题）
市郊可增 5 万用户（副题）

三是三行标题即正题、引题、副题都有的标题形式，常用于表现重大事实。如：

中国内地城市第一个（引题）
上海电话号码升 8 位（正题）
预计本世纪达到户均一台（副题）

标题制作是一门艺术，优秀的新闻标题凝聚着作者的心血和智慧，应当能"以一目尽传精神"。

2. 导语

导语即新闻的开始语，是新闻的触角，在消息中占有特殊的地位。它一般只用一两句话，或一两个自然段，将最新鲜、重要、精彩、生动的部分放在最前面，说明主题，给人以概括的印象，引起公众迅速掌握新闻的兴趣，吸引读者看下去，导语的好坏，直接关系新闻的传播效果。

导语的写法不拘一格，常用的有以下几种形式：

概括式。即简明、概括地叙述报道的重要事实，多用于主题严肃、内容复杂的经验性和动态性消息的写作。如，新华社一则消息报道，其导语是：

中国女子排球队今晚在这里进行的第 23 届奥运会女排决赛中，以 3∶0 战胜美国队，夺得奥运会冠军，并赢得了世界女排大赛"三连冠"的荣誉。在世界排坛史上写下了光辉的一页。

描述式。即抓住新闻事实的特色，或者某一个有意义的侧面，或者事件发展的高潮，作简洁朴素的有特色的描写，向读者提供一个生动具体的形象。如：

一架飞机从宽仅 14.62m 的巴黎市中心的凯旋门洞中飞过，谁会相信？法国人不相信，巴黎市警察局也不相信，但这是真的。

议论式导语。即用议论的方式，或评论，或引用文件，诗文的字句，或新闻中人物的谈话，或先将问题提出来，或先将结论告诉读者，揭示被报道的事物的意义。如：

×前些天，北京的街头巷尾都在议论，酱油为啥突然脱销？我们走访了北京第二大酱油厂——宣武区酱油厂。

这样来写导语，能使读者心里藏着一个问号，更有针对性地去阅读全文。

实际上，许多导语并不是单纯以某一种形式构成，而是几种形式的结合，导语的写作，以抓住新闻事实的重要特点为上策，把最有价值、最有新意的精华给读者，突出新闻价值，引人入胜。

3. 主体

主体在导语之后，是全文的重点与关键。主体对导语中披露的新闻要素作进一步解释、补充和叙述，交待事实的来龙去脉，回答导语中的问题。撰写主体时应注意：一要紧扣导语。主体的写作要根据导语所铺设的轨迹，沿着导语所定下的基调，围绕消息主题的需要来写。二要内容充实。要善于抓住事实中最典型材料，如事实、数据、细节等来证实导语中的观点。三要语言生动。以生动朴素的叙述语言为主，辅以描写、抒情和议论等表达方式，使内容有起伏有波澜，吸引读者看完。四要层次清楚。采用纵向深入还是横向并列，要根据内容精心设计，使层次分明，布局合理。

4. 结尾

这是全篇结束语。这部分可有可无。如果主体部分已将事实一一交代清楚了，就不要硬性添上一条"尾巴"。有的消息需要结尾部分时，也要力求简短，发人深思，好的结尾，能增加新闻主题的深度和信息量，提高新闻的可读性。消息结尾有多种写法，有对消息内容进行小结的，有进一步启迪人思考的，有发出号召的，有指明事件趋势的等等，并无统一规定，需视内容需要而定。

5. 背景

背景材料是消息中帮助读者理解报道事实的历史,环境和原因的材料。新闻事件的发生总有纵向背景,即事件发生的来龙去脉,横向背景,即事件与周围事物的相互关系。这些情况要向读者作适当的交代,以充实内容,更好地突出主题。消息的背景材料,一般无固定位置,不独立成段,多穿插在主体、导语或结尾中,运用背景材料,一定要简明扼要,牢牢地扣住主题,不能节外生枝,更不能喧宾夺主。

(三) 常见新闻稿的结构形式

在消息的撰写中,还要合理地选择消息的结构布局,也就是材料组合,段落安排的总体设计。常见的消息结构形式有下列三种:

(1) "倒金字塔式"结构。这是最常用的结构形式。一般而言,消息往往是把最重要的事实放在最前面,然后再将次要的和无关紧要的事实材料一一置后展开,这犹如重心在上的"倒金字塔"。这种结构有两个优点,首先是符合读者的阅读心理,能将他最想知道的事实先告诉他;其次是便于编辑排版,倘版面不够,只要由下往上倒着删就行,基本无损消息的大意。

(2) 并列结构,也叫"双塔式"结构。有一些新闻报道的内容是几个方面处在并列位置,例如报道某领导人在报告中阐明几个问题,或某单位取得的几点经验,在写作时往往把这些内容并列在一起,不能说前面的重要,后面的次要,他们处在同等的地位。当然有的可在导语中按照"倒金字塔式"的要求写出整段新闻中最重要、最新鲜的内容。这种结构的新闻具有具体、细致、完整的特点,可以容纳较多的新闻事实和内容。

(3) 顺时结构。即完全按事件发生的时间先后顺序来写报道,使读者对消息的全过程有完整的了解。有人形象地把这种形式戏称为"编年体"式的"新闻故事"。

例文一:

昆明人均居住 16.1m² 超过七成居民拥有私房

昨日,记者从昆明市建设局获悉,截止去年底,昆明市商品房累计竣工面积1300万 m^2,年均竣工面积260万 m^2,城镇居民人均居住面积达 $16.1m^2$,和全国省会城市比较,位列全国中上水平。据介绍,昆明市个人购买商品住房占商品住房销售额的95%以上,居民私有住房的比例已达到70%以上。

过去5年,昆明市房地产开发投资稳定在70亿元左右。房地产开发投资约占全市固定资产投资的18.9%。房地产开发投资直接和间接拉动GDP增长每年保持在2个百分点左右。2002年和2003年,商品房销售面积分别增长18.1%和22.3%。在城镇居民可支配收入稳步增长的情况下,房价基本平稳。

一个非常明显的趋势是:1998年以来,以住宅为主的房地产已经成为国民经济的支柱产业。开发企业正从以往只注重开发数量或单一的施工质量逐步向既求规模发展又向结合质量求效益转变。个人购房成为市场主体,住房消费已成为昆明市新的经济增长点。

例文二:

成都楼市春暖花开　城西"日出"城南"雨"

春天来到,2月的成都楼市新开项目12个,供应体量35.93万 m^2,虽然新增供给显然偏少，但与1月相比，也上涨了42.2%，增幅显著，呈现整体启动的趋势。随着住博会、房交会的相继临近，这个春天的市场供应将不断放量。

关键词：区域

城南淡城西旺

城南楼市一反常态，连续两月无新开项目对外发售，只有部分楼盘的后期相继亮相，而更多的项目是在为推售作铺垫，二月的城南楼市供给趋淡。与此相反，城西、郊区与市中区各有3个新开楼盘。其中，城西供应体量最大，达到10.25万 m^2，占到2月新盘总供量的近三成比重。

从环线来看，二三环线仍是商品房主力供给区域，项目规模普遍偏大，平均规模为4.06万 m^2，高出2月新盘的平均规模（2.99万 m^2）。而三环、外环区域继续保持沉寂，郊区新盘也大多集中在外环线以外的近郊，如龙泉等地。在城南副中心房产开发热潮到来之际，东郊亦不甘示弱，新盘供应频频。

关键词：价格

整体价位上浮

2月住宅价格每平方米2472元，与1月相比，上浮了24个百分点，上升趋势明显。

从新开住宅的价格来看，中档价位楼盘占据主导地位。单价在每平方米2501～3000元的项目占到总供量的44%，主要分布在城西与城北的二至三环区域，以100～140m^2的供应为主，此类中档经济型住宅，市场吸纳度良好，与之前热销的小户型相比，无疑受到更多自用型买家的青睐。

从区域价格来看，除郊区因无别墅项目供应外，整体均价仅在每平方米1288元左右，三环以内各片区的均价差幅缩小，集中在每平方米3000元左右。

关键词：建筑形态

小高层物业急速冲高

与1月新盘相比，多层供量下跌27.5%，而小高层物业急速冲高，增幅达到了近2.5倍，共有6个项目，占到总供量的57%。除城东之外，各区域均有分布。不过，从环线来看分布亦较为均匀，内环至外环线外的郊区均有小高层物业供给。此外，电梯物业的市场占有率正不断提升，但从市场销售来看，一环以外单价低于每平方米3000元的电梯物业更受欢迎。

例文三：

××区领导大年初一慰问我员工
××陪同视察××小区

农历大年初一的早晨，天气晴朗，晨风中透着一股寒气。××区副区长××、区房地局党组书记××、房地局副局长××等领导一行六人早早来到××小区，对春节坚守岗位的我物业管理员工进行新年慰问。公司总经理××、副总经理××、管理处主任×××陪同×副区长一行对小区进行了视察。由于大年夜的狂欢和守岁，大多数业主刚刚进入梦乡，偶有几声爆竹声，并没有影响小区宁静祥和的气氛。虽是隆冬季节，但中央花园里却绿草如茵，牡丹花、月季花争奇斗艳，在阳光的照耀下呈现出一派盎然春意。环顾四周，大红灯笼高高挂起，串串祝福彩灯随风摇曳，处处洋溢着浓浓的节日喜庆气氛。

公司领导向区领导详尽介绍了××物业的基本情况。在谈到新年工作时总经理××说:"××物业的发展确实很快,2004年的工作目标可用四个字来概括,那就是'精耕细作';在现有基础上再上一个新台阶,真正体现××物业的品牌效应"。

在听取公司领导汇报后,区领导一行和管理处员工一起座谈交流,勉励××管理处在新的一年里再创佳绩。

复 习 思 考 题

1. 公文写作的要求是什么?
2. 报告和请示的区别是什么?
3. 如何写作通知?
4. 公关广告的写作原则是什么?
5. 编写公关简报应注意哪些问题?
6. 公关新闻有何特点?试为某物业公司撰写一篇公关新闻稿。

第八章 公共关系专题活动

物业管理企业为了在公众中树立良好的形象，必然会借助各种媒体宣传自己。为了强化宣传效果，达到预期的公关目标，公共关系人员需要进行各种各样的公共关系专题活动。物业管理企业开展公共关系专题活动与一般活动比较，有两个显著特点：一是活动内容围绕一个明确的主题，而不能有几个主题；另一个特点是活动方式要特别，只有特别才能吸引人，才能产生诱惑力，引起公众注意，吸引公众参加，扩大物业管理企业影响力。专题活动要做到特别，活动的内容和形式就要做到新、奇，即组织专题活动，构思要新颖，内容要集中，方式要奇特。本章主要介绍各类典礼、展览活动、赞助活动、社会公益活动等公共关系专题活动方式。

第一节 举办活动

一、各类庆典

庆典活动是企业公共关系部门专题活动的重要内容，它包括企业开业仪式、周年庆典、节日庆典、颁奖大会和重大活动的开幕式、闭幕式、签字仪式等。

（一）开幕典礼

开幕典礼是通过专门的策划、设计和组织的主题性传播活动。开幕典礼活动是物业管理企业公共关系部门专题活动的重要内容，包括开业仪式、周年庆典、开幕典礼、节日开幕典礼、重大活动的开幕式等。

1. 开幕典礼活动的作用

开幕典礼是较为隆重的庆典活动，是物业管理企业进行的一种与同业人员和社会公众沟通的形式。其目的主要是为了扩大宣传，树立物业管理企业形象。物业管理企业开业仪式是企业走向社会公众的第一步，给公众留下的第一印象，是企业能否顺利发展的重要前提。

2. 开幕典礼活动的组织

开幕典礼活动对企业的影响很大，活动涉及的范围较大，人员较多。因此，物业管理企业开幕典礼活动要进行精心策划，组织精干的活动筹备班子，人员分工明确，密切合作，才能组织好一次开幕典礼活动。

组织开幕典礼活动一般要做好下面一些工作：

（1）要做好舆论宣传工作。要运用传播媒介，广泛宣传，引起公众的注意。

（2）拟定出席典礼的宾客名单。邀请的宾客一般应包括，政府有关部门的负责人、知名人士、新闻记者、公众代表、员工代表等，应注意各方面的关系协调，不可有疏漏。请柬应提前送到被邀请者手中。

（3）拟定典礼程序。典礼一般程序为迎接、签到、佩花、宣布典礼开始、宣读重要来宾名单、致辞、剪彩、摄影等。典礼应按事先拟好的议程有序进行。

（4）确定致贺词、答词人员名单。选择有丰富经验的公关人员担任主持人；为本单位负责人写好答词。答词和贺词都应言简意赅，只求达到增进了解、沟通感情的目的。

（5）确定剪彩、揭牌人员。剪彩、揭牌人员一般应由地位、职务、声望较高的知名人士担任。当然，这类典礼活动多了，就不很引人注目了。相反，在有功人员、社会公众中选择剪彩、揭牌人员，常会引起更多人的注意，效果会更好。

（6）组织接待小组。签到、接待、放鞭炮、摄影、录像、音响等工作都应指定专人负责，这些人员须在典礼开始前到位，确保典礼的顺利进行。

（7）安排一定的娱乐节目。为了烘托气氛，可根据典礼的特点，安排锣鼓、鞭炮烟花、时装表演或小型歌舞节目，以增加典礼的喜庆气氛。

（8）安排典礼后的一些活动。典礼仪式结束后，可组织来宾参观本企业的生产、经营、服务、设备及商品陈列间。这是让上级、同行和公众了解企业并为企业作广告的大好机会；也可通过交流，征求对企业或服务的意见、建议。

（二）签字仪式

一般而言，凡比较重要的、规模较大的商务洽谈，在协议达成后，都应举行签字仪式。

签字仪式准备工作，一般可以从以下四个方面着手：

（1）确定参加人员。参加签字仪式的人员，基本上应是双方参加会谈的全体人员。如一方要求某些未参加谈判的人员出席签字仪式，应事先征求对方的意见，取得对方同意。一般礼貌的做法是，出席签字仪式的双方人数大体相等。有时为表示对本次商务谈判的重视或对谈判结果的庆贺，双方更高一级的领导人也可出面参加签字仪式，级别一般也是对等的。

（2）协议文本的准备。谈判结束后，双方应组织专业人员按谈判达成的协议做好文本的定稿、翻译、校对、印刷、装订、盖火漆印或单位公章等。作为东道主，应为文本的准备工作提供准确、周到、快速、精美的方便条件和服务。

（3）签字场所的选择。签字仪式举行的场所，一般视参加签字仪式的人员规格、人数多少及协议中的商务内容重要程度等因素来确定。多数是选择在客人所住的宾馆、饭店，或东道主的会客厅、洽谈室作为签字仪式的场所。有时为了扩大影响，也可商定在某个新闻发布中心或著名会议、会客场所举行。无论选择在什么场所举行，都应取得对方的同意，否则就是失礼的行为。

（4）签字场地的布置。各国安排的签字仪式不尽相同。我国举行签字仪式，一般在签字厅内设置一张长方桌，作为签字桌。桌面上盖着深绿色台呢，桌后放两把椅子，供双方签字人入席就座。东道主席在左边，客商席在右边。桌子上安放着今后各自保存的文件，文本前分别放置签字用的文具。签字桌中间摆有一旗架，同外商签字时旗架上面分别挂着双方国旗，如图 8-1、图 8-2、图 8-3 所示。

签字仪式开始后，双方助签人员在本国或本单位保存的文本上签毕后，由助签人员互相传递、交换协议文本，签字人再在对方保存的协议文本上签字，然后由双方签字人都郑重地相互交换协议文本，并相互握手致意。其他参加签字仪式的人员应鼓掌祝贺。

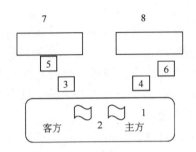

图 8-1 签字仪式场所布置(一)
1—签字桌；2—双方国旗；3—客方签字人；
4—主方签字人；5—客方助签人；6—主方助签人；
7—客方参加签字仪式的人员；8—主方参加签字仪式的人员

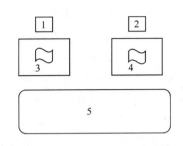

图 8-2 签字仪式场所布置(二)
1—客方签字人席位；2—主方签字人席位；
3—客方国旗；4—主方国旗；5—参加签字人员

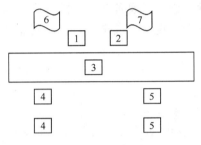

图 8-3 签字仪式场所布置(三)
1—客方签字人席位；2—主方签字人席位；3—签字桌；4、5—参加签字仪式人员席位；6—客方国旗；7—主方国旗

（三）节庆活动

各种有意义的纪念日，也是举办公关宣传活动的时机。比如中国的传统节日春节、端午节、中秋节等，现在对国外的"洋节"很多人也开始重视了，如圣诞节、情人节等，又如法定的节假日国庆节、元旦节、五一节以及物业管理企业的逢周年庆典，某一特殊人物或特殊事件的周年纪念等，都可以举行专题的庆祝活动和纪念活动。基本工作包括：

（1）根据需要和可能的条件确定纪念活动的形式、规模、经费等，并且制定详尽的计划；

（2）成立专门的筹备组负责执行；

（3）编制纪念刊物或宣传材料；

（4）撰写纪念讲话稿，组织发言材料；

（5）邀请嘉宾、记者；

（6）准备公关礼品；

（7）筹备庆祝节目或舞会、冷餐会等；

（8）选择场地，布置现场气氛；

（9）训练礼宾人员；

（10）配合广告宣传。

举办节庆活动应注意的问题：

1. 确定目的

不论什么类型的庆典活动，都应与公共关系目标——建立物业管理企业同公众的良好关系紧密地联系在一起。

2. 确定主题

用一个醒目的标题或一个令人耳目一新的口号来概括庆典活动的主题，使之富有哲理和深刻的内涵，以引起公众的广泛兴趣。

3. 确定预算

活动预算不能满打满算，应留有余地，以备临时之需。

4. 确定地点及规模

在广泛调查的基础上，根据气象、交通等条件及参加的人数，决定庆典活动的地点及规模。

5. 制定报道计划

确定与新闻界的联系、接待记者采访、撰写新闻稿等方面的计划。

二、展览活动

展览活动是通过实物、文字、图表来展现企业成果的公共关系传播方式。展览活动通过现场展示和示范来传达信息，具有很强的说服力，比单纯的文字和口头宣传效果好得多，这种公共关系活动越来越被人们所重视。

（一）展览活动的特点

1. 展览活动是复合性的传播方式

展览活动综合运用各种媒体进行传播，通过文字、图片、宣传手册、实物、讲解、广播、录音、幻灯、录像、电影、布局、操作表演、参与活动、小型研讨会等各种形式，影响面较大，传播沟通效果很理想。

2. 展览活动是一种直观、形象、生动的传播方式

由于综合运用了各种传播媒介，使展览传播十分生动、直观；加之展览活动本身一般均具有较丰富的知识性、趣味性，有利于吸引各类不同的公众，达到广泛传播的目的。

3. 展览活动能起到双向沟通的效果

展览活动使参展单位让公众了解自己的同时，也在了解公众。通过讲解人员、咨询服务台、洽谈活动、意见簿、征询卡、有奖竞猜等形式，企业可以及时地了解公众对自己的意见和反映，还可根据公众反馈回来的信息进一步改进工作。

4. 展览活动容易引起新闻传播界的注意

展览活动是一种大型公关活动，容易成为舆论热点，成为新闻媒体报道的对象。

（二）展览活动的类型

展览活动的形式多种多样，根据展览活动的内容、地点、性质等不同，大致可分为以下几种类型：

1. 按展览活动的内容分，有综合性展览与专题性展览

综合性展览全面介绍一个地区或一个企业的情况，要求内容全面，有一定的概括性和完整性，既要突出重点，又要照顾一般，使观众看完展览后留下一个完整的印象。如"××市成立三十五周年成就展览"、"世界园艺博览会云南馆"等。专题性展览就是围绕一个主题或一个专业举办的展览，要求主题鲜明，内容集中，如"苎却砚展览"等。

2. 按举办的地点分，有室内展览和露天展览

一般来讲，大多数的展览都在室内举行，即在商店内设展柜、厂区内设展室或在专门的展览馆举行，这样显得较为庄重、严肃，且不受天气变化影响，举办时间可以较长，缺点是布展复杂，费用较高。露天展览最大的特点是布展较简便，费用低，但易受天气影响。

3. 按性质分，有贸易展览和宣传展览

贸易展览主要展示实物，其目的在于宣传企业的产品，促进产品的销售。宣传展览主要是通过展出有关企业的图片资料、图表、文字、实物等来宣传企业的成就、价值观，以

扩大影响。

除此之外，根据展览活动的规模层次还可分为大型综合展览活动、小型展览活动和微型展览活动；根据展览活动的国别可分为国内展览和国际展览等。

（三）展览活动的组织

由于展览活动涉及的部门较多，影响较大，要使展览活动达到预期的目的，必须认真做好下面的工作：

1. 明确展览活动的目的和主题

首先必须确定为什么要参加展览活动？确定了参展的目的、主题后，注意围绕目的搜集实物、组织有关材料、选择展品，精心布置陈列室，编好解说词。

2. 制定展览计划，组建展览班子

制定具体的展览措施，根据展览的目的和类型，组建相应的专门班子，策划展览风格，反复论证，分析和比较，确定展览计划，再由专业人员，如摄影、美工、装饰人员进行布局安排。

3. 编制财务预算

举办展览活动都会需要一定的经费，视展览活动的规模、地点、级别不同，费用差别会很大，因此编制财务预算，是展览活动成功与否的基本保证。展览活动经费一般包含场地费、交际费、宣传广告费、交通运输费、保险费等。在编制经费预算时，应留有余地，一般为5%~15%，以备不时之需。

4. 选择展览地点

展览地点，宜选择醒目、吸引人、交通方便、设施齐全的位置，要注意环境与主题的协调。为方便参观者，要考虑在入口处设置咨询台和签到处，并贴出展览活动平面图，作为参观者指南；在出口地方可设置留言簿，收集观众意见反映。

5. 选择适当的参展商品或服务项目

要尽量选质量好、具有独特风格、在市场上有竞争力的商品和服务项目参展，且商品的品种和服务项目的种类应力求齐全，还应有针对性。

6. 选择恰当时机

什么时候举办展览，对于一些季节性很强的商品和服务来说，是要着重考虑的因素。

7. 培训工作人员

展览活动工作人员的素质和展览技能的掌握，对整个展览效果有重要影响。对展览活动的工作人员如讲解员、接待员、服务员进行良好的公共关系训练是十分必要的。培训的主要内容包括：一要懂得专业知识，能提供专业咨询服务；二要善于交际，能自然地与各界人员交谈，懂礼节；三要仪表端庄。

8. 做好新闻宣传工作

展览活动中会产生很多具有新闻价值的信息，需要写成新闻稿通过新闻媒介发表，扩大展览活动的影响范围和效果，因此有必要成立专门的机构负责新闻宣传。新闻宣传机构，一方面要准备好展览活动必需的辅助宣传材料，如文字资料、幻灯、录像等；另一方面要加强与新闻界的广泛联系，时时注重公关宣传，要善于发掘展览活动中有新闻价值的材料，捕捉有新闻价值的信息，策划相应的公关宣传，扩大展览活动的影响范围和效果。

9. 制作纪念品

要根据展览活动的主题，制作展览活动徽记和纪念品，以联络感情，加深印象。

三、赞助活动

赞助是物业管理企业无偿提供资金或物质支持某一项公益事业，以提升企业形象的一种社会活动。

（一）赞助活动的目的

1. 树立企业关心社会公益事业的良好形象

通过赞助活动，使公众认识到企业不只是一味追求自己的经济利益，而且是能承担一定社会责任和义务的社会组织，从而获得良好的组织形象。例如，日本富士胶片公司通过竞争成为1990年北京亚运会的赞助商，免费提供全部胶卷和洗印、冲扩设备，通过这一"感情投资"和"形象投资"，再由新闻媒体一传播，极大提高了该公司的知名度，也赢得了广大公众的信任。

2. 承担必要的社会责任

企业不仅要重视经济效益，同时也要注重社会效益，承担一些必要的非经济性的社会责任。通过赞助社会活动，能有效地体现企业的社会责任感。

3. 使公众对企业产生信任感

赞助活动表明企业对社会具有高度的责任感，而且是公众直接受惠，能够比较有效地建立和培养企业与有关组织和公众的信任感。如赞助教育事业、文化体育事业、节日庆典等，通过这些活动，可以获得广大公众的普遍好感，争取公众的理解和支持。

（二）赞助活动的类型

赞助活动内容广泛，类型众多，大体上可分为以下几种类型：

1. 赞助体育活动

这是常见的赞助活动，大多以赞助各种大型比赛为主。随着生活水平和素质的提高，人们对体育活动的兴趣越来越浓厚。赞助体育活动的方式有提供经费、场地、饮品、食品、服装、奖品、奖金等，例如"××杯足球联赛"、××企业为此次比赛提供服装，运动员的服装上印有赞助商的名称等，赞助这类活动，可增强对公众施加影响的深度和广度。

2. 赞助文化活动

这是一种较常见的赞助形式。主要有音乐会、电视节目、文艺演出、书画展览、知识竞赛等。通过赞助这类文化活动，可以培养与公众的良好感情，能够极大地吸引公众的注意力，从而大大提高企业社会效益和知名度。

3. 赞助科学、教育事业

我国确立了"科教兴国"战略，全社会都十分关注科学教育事业。企业赞助教育事业，既有利于教育事业的发展，又能树立企业尊重知识，重视人才的现代企业形象。赞助教育事业的主要形式有捐助希望工程、学校教学设施、提供奖学金、赞助某项科研项目等。

4. 赞助社会福利事业

这项赞助活动的对象主要涉及社会救济对象和具有困难的公众，如残疾人、孤寡老人、军烈属、福利院儿童以及各种自然灾害中受困的人士。它是企业和社区、政府协调关系的重要途径，也是企业向社会表明其承担社会义务和责任，博得公众好感的好形式。

这种活动的主要形式有捐款、捐赠设备和其他物资，为残疾人募捐、兴办残疾人事业、提供医疗设施等。

（三）实行赞助的原则

企业搞赞助活动，一般应遵循下面的一些原则：

1. 社会效益原则

企业应认真研究赞助对象和项目的社会意义与社会影响，分析赞助的社会效果。所赞助的对象必须有可靠及良好的社会信誉，所赞助的项目必须有积极的社会意义和广泛的社会影响。因此，一般要优先对各种慈善事业、社会福利事业、公共设施、教育事业的赞助，这样既表明企业对社会的责任和义务，又较容易获得社会各界的普遍好感。

2. 传播效果原则

赞助是一种直接提供钱或物质来进行的传播活动，因此必须讲究传播效果。所赞助的项目应该有利于扩大企业的知名度和美誉度。同时应分析公众及新闻界对有关赞助项目的关注程度；明确对于赞助所给予的传播补偿方式和条件等。

3. 经济适当原则

参与赞助活动必须考虑所赞助项目的费用是否合理、适当，本企业能否承受。如果因经济力量有限，可明确表示"赞助不起"而予以拒绝，切不可打肿脸充胖子。

要建立严格的财务审计制度。资助活动在财务上要严格管理，以免资金被挪作它用，或被私人非法侵吞，并杜绝资助费用流向以社会公益事业之名，行低级劣质的骗人骗钱的勾当之实的活动中去，如某些私下组织的不合法规的所谓"歌星"演出、体育竞赛等庸俗活动之类。

（四）赞助活动的程序

1. 明确目的，制定周密的计划

首先要明确通过赞助活动，是以建立组织与公众和谐、信任的公共关系为目的。然后对赞助的对象进行充分调查、分析，制定出周密的赞助计划，包括赞助的范围、费用、形式、时机选择等。

2. 审核评定

由企业领导或专门的赞助领导小组对将要赞助的项目和实施方案进行评价，确定其可行性、必要性等。

3. 组织实施

由企业一把手或项目负责人，带领公共关系人员具体实施。在赞助项目实施过程中，要有效地运用各种传播媒介，尽可能借赞助活动扩大社会影响。

4. 总结

当赞助活动结束后，要对整个活动情况进行总结分析，对赞助的效果进行评定，多方面了解反馈信息，总结经验教训，写出报告，以指导今后的赞助工作。

四、社会公益活动和联谊活动

（一）社会公益活动

指在组织或企业本身业务范围以外，以义务或半义务的方式所做的社会工作。主动向公众提供这种服务，是一种很好的公共关系手法，不仅有利于增进组织和企业的信誉，还有助于开发潜在的市场。

1. 社会公益活动的类型

（1）常见的社会公益活动是提供咨询。组织或企业利用本身的技术力量定期或不定期地向公众提供某方面的咨询服务，是一种花费不大但对公众和组织或企业都十分有益的工作。如生产电冰箱的厂家向公众介绍电冰箱的挑选和保养等。

（2）组织或企业利用自己的技术力量进行各种形式的培训。如服装厂举办服装设计培训班，摩托车厂举办摩托车维修培训班等。这些工作会给公众以很大的帮助，同时也非常有利于提高企业的信誉和开发潜在的市场。

（3）组织或企业自己组建有一定水平的文艺、体育队伍或时装表演队伍。这些队伍除参加有关比赛外，经常义务或非营利地为公众进行表演。这样，一方面宣传了自己，另一方面又丰富了公众的业余生活。

2. 开展社会公益活动注意几个问题

（1）设计纪念活动的形式，即选择什么样的形式。各种公益活动形式侧重和适用的范围不同，达到的效果也不同。比如学术机关和大专院校用学术报告会和研讨会的形式就比较好。

（2）拟定邀请参加活动人员的名单。

（3）组织和负责纪念活动的具体实施。公关人员要为活动做大量的组织和实施工作，如议程安排、客人接待、为领导人和来宾安排会面、组织来宾参观和参加活动等。

（二）社会联谊活动

联谊是本企业与另一组织或几个组织建立友好关系，联合进行一些公益或娱乐活动。联谊的目的在于丰富职工的业余生活或进行定向宣传。随着经济的发展，企业的经济联谊活动日益增多，这种活动对于增进企业间的感情，加强企业间的经济联系及信息沟通与经济合作，都有积极的促进作用。

物业管理企业公关人员在策划联谊活动的内容和方式时，应注意以下几个问题：

1. 联谊对象的选择

选择联谊对象，要注意双方联谊的条件与差异。可选择同行业的竞争对手，也可选择不同行业的企业，还可选择自己的客户等。

2. 考虑联谊活动的社会意义

物业管理企业应多搞一些既能达到联谊目的，又能向社会做些有益的事情的活动。通过联谊活动，既增强企业内部活力和凝聚力，又要使活动真正为职工所喜好并有利于职工身心健康，同时也给社会公众传达企业尊重职工、爱护职工的良好的形象信息。

3. 把握联谊的原则

（1）真诚原则。联谊活动要以诚相待，不能损人利己；

（2）互利原则。联谊活动应使双方共同受益，同时不能损害社会利益。

第二节 新闻传播

一、撰写新闻资料和新闻稿

撰写新闻资料和新闻稿是公共关系人员利用新闻媒介实现对公众施加影响的必要手段，也是组织与新闻界保持密切联系的纽带，因此公关人员必须掌握撰写公关新闻资料和新闻稿的技巧。

（一）撰写新闻资料和新闻稿的要求

1. 选材必须具有新闻价值

在选择文章材料时，考虑的关键是这些材料中，哪些最具有新闻价值，选择那些时效性、奇异性和重要性强的事实进行报道。而且要考虑在具有新闻价值的材料中，哪些最能有助于达到此次公共关系的目的。

2. 尊重客观事实

所谓的"新闻"，就是"新近发生的事实的报道"。事实是新闻的灵魂，没有事实就没有新闻。而任何事实只要是真实的就必然含有5个"W"，即"When——何时"、"Where——何地"、"Who——何人"、"What——什么"、"Why——为什么"。让事实说话，就是要清楚地写出每个事实的"5W"，同时，应严守中立立场，以客观叙述的手法来报道事实，让读者根据自己的看法来对事实作出判断，而不是把自己的意见，观点强加给读者。

3. 主题要精练，用词要准确

新闻稿的主题要典型而新鲜。提炼和确定新闻稿主题就是透过事实现象，抓住事实的本质。新闻稿所要求的客观叙述并不是简单的事实的堆砌，而是要从5个"W"的有机联系中揭示其内在的联系。用词造句必须准确、简短，开门见山，不要冗长、啰嗦，避免使用华丽的形容词和笼统的词汇，要在"言之有物"的基础上做到"言之有味"，使人爱读爱看。

4. 语言要准确、简明

新闻稿撰写在语言运用上与文艺体语言及政论性语言都有所不同。新闻稿既要有文采又不能过于华丽，以免导致失实，同时也不能直接发议论，否则就违反新闻用事实说话的基本要求。新闻稿的语言运用基本要求是：

（1）具体。此即尽量提供准确的事实材料，少用或不用形容词、副词，尽可能用名词、动词、量词来反映事实。

（2）明快。在新闻稿中其文字词组要求通俗平易、人人都能理解，结构要简单，少用长句，只要有可能，就用一般的词语来代替专业名词。

（3）简洁。即只要事实的表达明白无误，就应该把任何多余的词语统统删掉，在这方面要像电报用字那样进行筛选，直到去除所有的水分。

在新闻稿中，消息是主体。在消息撰写中，还要注意两个因素，第一是导语的构思，一般由最主要、最引人注目的事实经提炼后组成。它能鲜明地揭示出全篇的主题思想，开门见山地告诉人们新闻的主要事实，因此它被称为消息的眼睛。导语的写作无一定程式，只要达到了上述两点要求，导语便成功了。而要达到要求，则必须得先消化全部事实。第二是合理的选择消息的结构。主要有三种结构：倒金字塔结构、并列结构和顺时结构。

（二）撰写新闻资料和新闻稿应注意的事项

1. 及时捕捉新闻

一件事发生并非每一个环节或部分都能成为新闻。公关新闻必须以树立本企业（单位）的良好形象为出发点。因此，公关人员要善于从本单位的各项工作中挖掘它的积极意义和新闻价值，然后报道出去。对一个企业来说，具有新闻价值的事很多，但是要成为新闻的事件必须有以下一种或几种特性：

（1）新奇性，即新近发生的或初次发现的事件；

（2）突发性，即出乎人们预料之外的事件；开创性，即在体制、技术、工作方式等方面有一定突破的事件；

（3）历史性，即具有划时代意义和深远历史意义的事件；

（4）知名性，即与知名机构、学者及有关人士等相联系的事件；

（5）影响性，即对社会影响较大、与群众生活和企业生产经营联系密切的事件；聚焦性，即在社会生活中为人们所关注的、形成热点或焦点的并具有积极意义的事件；

（6）危害性，即对社会、国家和人民产生危害的事件。

因此，公关人员应善于从所发生的事件中去寻找特殊性和影响力，使之真正具有新闻价值。企业开张，新产品生产和新技术的运用，市场营销和经济效益的重大突破，社会公益活动的参与和赞助，员工素质、结构的重大变化，企业或各类人员受到有关部门的赞誉和嘉奖，国际性经济开发与合作，重要人物（包括外宾）的参观和活动等。

2. 公关新闻写作要特别注重背景材料的运用

在新闻写作中运用背景材料是一种普遍现象，它是新闻事实的历史和环境，可以进一步揭示新闻事实的原因与结果，现象与本质，全局与局部，偶然与必然等关系。公关新闻比一般新闻更重视背景材料的运用，这是因为：

（1）公关新闻所反映的事件往往和社会各界有着千丝万缕的联系，反映这种关系，才能使人们看清事件的意义。

（2）公关新闻反映本企业、本单位的业务和技术对局外人来说，往往是生疏的，运用背景材料能使公众熟悉和了解事件的原委。

（3）公关部门所发出的一般都是新闻通用稿，多提供背景材料，便于各类新闻单位自由选择。

3. 对公关活动来说，新闻和广告都是大众传播的重要手段，二者不可偏废

由于新闻是"第三人称"作的"事实的报道"，并经过新闻单位筛选后而发出，因此，心理效果比"第一人称"所作的广告要好，容易赢得公众的关注和信任。

二、策划具有新闻价值的事件

（一）制造新闻的概念

制造新闻，也称策划新闻，就是指社会组织为吸引媒介的报道和社会公众的关注，以事实为基础，按照新闻报道工作的规律有意策划的，是既对自己有利又使公众受惠的活动。公共关系人员针对社会公众和新闻界的兴趣，用别具一格的方式，从普通事件中挖掘新闻素材，经过组织、提炼变成具有戏剧性的新闻事件，以吸引社会公众和新闻界的注意。

制造新闻会造成"轰动效应"，起到提高企业知名度的作用，但要求公共关系人员有较敏锐的头脑、娴熟的技巧和较高的艺术手法。公关组织应在真实的、不损害公众利益的前提下，有计划的组织、举办具有新闻价值的活动、事件，吸引新闻界和公众的注意和兴趣，争取报道的机会，并使本组织成为新闻报道中的主角，以达到提高组织社会知名度的目的。

（二）制造新闻的要求

（1）制造新闻要迎合新闻界及公众的兴趣与利益，富有戏剧性。要成功地制造新闻，吸引新闻界人士的注意和兴趣，就要使新闻事件更富有戏剧性，更具有新、奇、特的特点。这就要求公关人员独具匠心，富于创造。

（2）制造的新闻要能提高组织的社会知名度，同时符合组织的利益。自然发生的新闻有的是对组织声誉有利的，也有些是对组织不利的。一般而言，自然发生的新闻不是人为可以控制的，而经过公关人员精心、周密策划的新闻活动、事件则是以提高组织的声誉为中心而展开。因此，制造一个新闻事件，就要求能大大提高组织的知名度。

（3）制造的新闻不是自发的或偶然发生的，而是要经过公关人员精心策划、安排的。一般而言，新闻传播的主动权不在公关人员方面，而在新闻界人士方面。要使制造出来的新闻事件引起新闻界人士的兴趣，必须精心策划，具有较高新闻价值，才有可能得到报道，产生良好的社会效果，提高组织的知名度。

（三）制造新闻的方法

（1）就公众在这段时期内最关注的话题制造新闻。公众在不同时期，关注的话题也不同。例如，在奥运会召开的前后一段时期内，公众最关注的是有关奥运会的话题，这时就是经营业务与体育有关的企业制造新闻的最好时机。

（2）抓住"新、奇、特"去制造新闻。新闻的特点是新与奇。新，即是以最新的材料、最早的时间在媒介上报道；奇，就是指奇特的事件和独有的报道方式，正如某些新闻记者所言，"虎吃人不是新闻，人吃虎才是新闻"。

一个事件的新闻价值在于新、奇、特，在企业形象竞争中，要成功地制造新闻，必须独出心裁，使公关活动具备"新、奇、特"条件。例如：日本一家酒店位于市郊的偏僻山坡，尽管景色优美，住客还是很少。后来想出了一个主意，即在酒店的小山坡上划出一块地专供旅客种纪念树，如结婚纪念树、生日纪念树等，既美化了酒店环境，又吸引了大批游客。由于这一活动构思奇特，富于情趣，吸引了大批记者前去采访，该酒店成功的制造了一则动人的新闻。

（3）要事先制造一些热烈气氛，使公众有些心理准备，强化制造新闻的效果。如日本西铁成手表进军澳大利亚时，通过空投手表制造新闻，事先则用新闻媒介广为宣传，从而为事件增加了热烈气氛，成为人们的热门话题。

（4）制造新闻时，要有意识地把企业和某些权威人士或社会名流联系在一起。如企业举办周年庆典活动，就可邀请几位知名人士为企业的周年纪念剪彩，并同时举办记者招待会，历陈企业自创立以来所取得的成就，为社会所作的贡献，那么这个周年庆典就可能成为新闻。

（5）与传统的盛大节日或纪念日联系在一起，制造有关企业的新闻。

（6）注意与报社、电台、电视台等新闻机构联合举办各种活动，就能增加企业在新闻媒介中出现的机会。

新闻机构自己参加的活动，很可能会在自己的新闻媒介上进行报道，企业因此也有机会传播自己的形象，提高知名度和美誉度。

制造新闻的技巧多种多样，它有很多诀窍，上面介绍的只是其中几种。公共关系人员要成功的制造新闻必须通过大量的实践去总结经验，使自己的技巧日趋完美。

三、新闻发布会

新闻发布会，又称记者招待会，是组织机构与新闻界建立和保持联系的一种比较正式的形式。通过有目的、有计划地举行记者招待会，达到沟通信息、联络感情、传播企业形象的目的。

（一）明确举行记者招待会的理由和时机

（1）明确举行记者招待会的理由。企业公关人员要能把握要发布的消息是否具备专门召集记者前来采访并予以报道的价值。

（2）确定举行记者招待会的时机。对企业而言，记者招待会是为公布与解释企业的重大新闻而举办的。通常新产品、新技术的成功开发，经营方针的改变，企业合并，企业首脑的更换，新企业开张和老企业扩建，企业创立周年纪念，重大人身伤亡事故等重大事件的发生，都可以举行记者招待会。

（二）记者招待会的准备工作

（1）确定会议主题和准备好会议所需资料。召开记者招待会，首先要有明确的主题，宣布什么消息，如何解释，以及解释的范围、程度和手法等，主持人必须心中有数。同时要根据招待会的主题准备好各种材料、照片、图片等，以使记者对发布的消息有详细的了解。

（2）挑选发言人或主持人。举行记者招待会，主持人一般应由具有专业水平的公关人员担任，发言人原则上应安排董事长或总经理等主要负责人，因为只有他们才能准确回答有关企业的经营方针、计划、生产等方面的问题。发言人应头脑机敏、口齿清楚、具有较强的应变能力和口头表达能力。

（3）准备主要发言和报道提纲。要由专门班子负责起草主要发言，应全面搜集资料，写出通俗、准确、生动有趣的书面发言稿。此外，应事先归纳出宣传内容要点和背景，整理成详细的资料，即报道提纲。材料要编写得系统、简洁，要注意用事实说话，注意不要出现错别字和脱页现象。

（4）确定邀请记者的范围。根据会议的主题需要，确定邀请哪些相关的新闻机构出席。当确定了邀请的范围之后，应提前发出请柬。请柬上除应注明举行招待会的日期、地点、机构名称及联系电话外，还应将举行招待会的目的说清楚，并最好列举在会上发言的主要人物。

新闻机构有时对是否派出记者不做答复，但招待会必须准备充足的座位，并设置签名册，让到会的记者签名。

（5）确定招待会举行的时间和地点。选择时间要注意避开重大社会活动和节假日，因为记者招待会是集中利用众多传播媒介的公关传播方式，往往邀请不同新闻机构的许多记者参加，涉及面广。因此，一定要确定一个对大家都方便的时间，保证会议人员届时都能参加，以取得招待会预期的效果。地点的选择主要是以交通、通讯方便，生活住宿方便，服务设施齐备为原则。

（6）会场布置。要选择一个良好的环境，室内气温、灯光要适度。要安排较舒适的座椅和足够的位子，环境安静，无外界干扰；准备充分的扩音设备和电影、幻灯放映设备，保证不出故障。小型记者招待会可选择圆形会议桌，以使气氛和谐，主宾平等。大型记者招待会则常采用主宾相对而坐的形式。

（三）记者招待会中的注意事项

1. 对待记者的态度

接待中必须注意对记者的态度，因为接待记者的质量如何往往关系到企业发布消息的成败。与新闻界的合作应本着真诚、主动的态度，既不虚夸企业业绩，傲视记者，也不能没有原则一味迁就，不论记者提出的要求是否合理，一概应承。

2. 会议程序安排要具体、紧凑

公共关系人员应充分发挥组织和协调作用，主持人应掌握会议进程，避免离题太远，注意掌握问题的范围；主持人要尊重别人的发言和提问，不要出现任何身体动作、表情或语言阻止别人发言；一般把招待会的时间控制在2小时内较合适。

主持人要引导记者踊跃提问，万一出现冷场，可让记者与公关人员作自我介绍，以融洽气氛，增进了解，提高大家的发言兴趣和积极性。主持人讲话要典雅而有力量，风趣而不失庄重。

当招待会气氛活跃，记者踊跃提问时，应注意倾听记者的提问和全部意见，主持人应维持好会场秩序，控制发言时间，引导记者深入提问，避免重复提问和回答。如果预定的时间已到，但记者们的问题还未完，应在散会前决定下次招待会的时间、地点。

（四）记者招待会会后工作

（1）及时整理会议纪要，确定发布的会议纪要信息准确无误，如有疏漏，应设法补救。

（2）搜集与会记者在各媒体上发表的稿件、录音、录像，进行分类整理、分析、检查，是否有由于自己的失误而造成的谬误，如有，应立即设法补救。

（3）对照与会记者名单，以便查询到会记者在媒体上发布信息的情况，供以后选择记者招待会邀请记者的名单时作为参考。

（4）会议结束后，可安排小型宴会，在轻松愉快的气氛中，进一步解决招待会上亟待解决的问题，还可安排必要的参观，倾听与会者的反应，同时加深记者们的印象。

第三节 处理危机

危机事件是公共关系中的特殊事件，它具有短暂性、猛烈性、破坏性和突发性等特点。在正常的公共关系活动中，虽然危机事件不会经常发生，然而一旦发生就会严重地损害公共关系。因此，对公共关系中的危机事件及时处理就显得十分必要了。

一、危机事件的定义及其产生的原因

（一）危机事件的定义

公共关系中的危机事件，是指给公众带来重大损失，给组织形象造成严重损害的公共关系事件。危机事件的发生会严重的阻碍组织正常的生产经营活动，对组织的利益构成威胁。如重大交通事故、毒气严重泄漏、严重的火灾、重大工伤事故、突发性商业危机、重大产品质量事故、地震或洪水造成重大损失、大罢工、重大盗窃案、报道失实等关系到组织生存安全的恶性事故。

（二）危机事件产生的原因

造成危机事件发生的原因是多种多样的，一般主要有三个方面：

（1）是不可抗拒的外部力量造成的。比如地震、水灾、海啸、火山爆发、战争、经济形势突发危机等。

（2）是个别人员造成的。如组织员工素质低下、不良分子捣乱、供货单位提供了不合格的产品或原料、操作人员疏忽大意引起事故等。组织员工的素质低下是危机产生的重要原因。组织员工是组织管理的核心因素。员工的向心力和凝聚力强会增加组织的社会效益和经济效益，反之不但会影响组织的形象，也会给危机的产生提供可乘之机。这就需要组织提高全员素质，上到领导，下到员工，每个人都应具备主人翁责任感，把握市场机遇，这样才会给组织带来生机，反之，不但不能推动组织的发展，蕴藏危机达到一定程度会一触即发。因此素质低下是导致公共关系危机的重要原因之一。

（3）组织行为不当引起的危机。一是企业领导本身的行为不当，二是管理不善造成的；三是决策失误或疏忽造成的事故。

组织的经营管理不善是危机产生的重要因素。组织的经营管理水平的高低直接影响到组织的社会效益和经济效益。在市场经济高度发展的今天，每个经营者都应不断的提高自己的管理素质，充分的调动员工的积极性，以提高市场竞争能力，反之，一个经营不善的组织，会直接影响到组织的社会形象，失去竞争能力，危机四伏。

组织决策的失误会使组织的发展目标失去平衡，由此导致危机事件的发生。组织决策是组织生产经营过程中的一个重要环节。决策的正确与错误会使组织走向某一个导向。本来预定好的目标，由于决策失误，使整个决策环境发生了质的变化，与组织经营管理格格不入，会给组织带来严重的经济损失，使组织处于严重的危机状态。

（4）公共关系活动的失误会导致危机的产生。任何一次公共关系活动，都是为了提高组织的社会形象。公共关系活动必须有周密的计划和程序，一般情况下不会失误。如果组织公共关系活动失误，组织的计划性公关目标就会遭到破坏，不但公关活动不能达到一个良好效果，还会给组织带来一系列的麻烦。

二、危机事件的处理

危机事件的处理是公共关系工作中的一项重要内容。危机事件的出现，对组织自身十分不利，影响重大而又波及面广。危机处理不当，轻则导致企业经济效益下降，形象、声誉受损，重则导致破产倒闭，惨遭灭顶之灾。因此，任何企业及其他社会组织，都应对此有足够的认识，高度重视并加以认真防范和妥善处理。

（一）处理危机事件的宗旨和基本方针

危机事件一般都出乎预料之外，舆论影响较大，时间比较紧急，处理起来比较棘手。作为公关人员，在处理危机事件中往往处在第一线，其决策和行动的基本方针是：保持镇定，判明情况；最大限度地平衡组织与公众的利益，真实报道，争取主动；积极善后，稳定后方，控制局势，平息风波，挽回影响。

总之，处理危机事件的公关宗旨是"真实传播，挽回影响"。当事件发生后，与该事件有关的人们出于趋利避害的本能，强烈要求了解事件的状况及与自身的关系，如果缺乏可靠的信息，则往往作出最坏的设想来作为自己行动的根据。只有真实、准确的传播，才能获取公众的信任，争取公众的谅解与配合。只有把握舆论的主动权，才可能变不利因素为有利因素，尽快恢复组织机构的社会声誉。

（二）危机事件处理的程序

企业公共关系部门和人员在危机事件一旦发生的时候，应迅速行动起来，协助组织或企业负责人调查事故的原委及做好事故的处理工作。

1. 迅速成立由企业负责人和公共关系人员组成的处理事故的专门机构，迅速、准确地了解和把握事态发展的动向和趋势，制定周密的处理事故的基本方针和对策。

2. 对事件进行分析。危机事件的产生是有原因的，区别其产生的原因，进行细致的分析。属于内部可控的，就制定可控处理手段；属于外部不可控的，就应制定不可控的处理方案。同时，争取各界同仁和社会的资助，迅速扭转组织在社会上的不良形象。

3. 及时向上级领导机关汇报，向有关单位（如医院、消防队、公安部门、邻近部队、兄弟企业等）求援，以取得他们的支持和帮助。

4. 将事故发生的真实情况和企业的对策告知全体员工，使之同心协力，共度难关。单位员工如有伤亡，应立即通知其家属或亲属，并提供一切必要的条件，满足员工家属的探视或吊唁及其他合理要求；还要做好医疗或抚恤安慰工作。

5. 与新闻界合作。主动与新闻媒介合作，派专人接待记者，通过企业发言人随时向新闻界及时报导事故的发生、经过和处理事故的对策、进展等情况，争取新闻界的支持。

在向新闻界公布事故时要注意：

（1）公布事故的措词，应事先在企业内部统一认识，统一口径，以免因用语不一致而造成不必要的麻烦。公布事故者应是组织机构的主要负责人，如董事长、总经理等，这样才具有一定的权威性；为避免报道失实，重要事项应以书面的形式发给记者；不能企图掩盖事故真相以求减少社会影响，这样做只能引起社会各界的反感，对处理善后工作不利，如有的事项不能发表，应妥善说明理由，求得记者和社会各界的同情和理解，以得到公众的信任。

（2）说明事故时应简明扼要，避免使用技术术语和晦涩难懂的语句。为了避免报道失实，重要事项应以书面材料的形式发给记者。

（3）注意发表信息的时机。社会影响大的突发事件发表消息越早越主动，不能因过于慎重而贻误时机，以致流言、谣言产生，引起混乱。

6. 及时与当地社区居民沟通。如火灾、爆炸等事故给当地居民带来损失的，公共关系人员应向当地居民登门道歉，说明事故造成的原因，以求得他们的理解；如给当地居民带来损失的，应该赔偿有关经济损失。

7. 如果危机中有人员伤亡，如何安慰受害者及其家属，便成为一项十分重要的工作。公共关系人员应当耐心，谨慎地对待他们，先让他们对事实真相有一个较为确切的了解。在宣布受害者情况之前，最好先以恰当的方式通知其家属，使其有一定的心理准备。赔偿问题则宜在受害者及其家属充分渲泄愤怒和不满以后，再进行理智的商谈，共同确定结论。

8. 在调查完成、正常的运行重新开始或灾害克服之前，不要急于发布事态结束的声明。最后的报告应该是确定性的，并对曾经有过的各种推测作出结论。

三、危机事件的预防

作为企业来说，平时一定要经常注意防止事故的发生，做到防患于未然。那么如何预防危机事件的发生呢？应做好以下几个方面的工作：

（一）做好危机的预测和分析

公共关系部门的一项重要任务，就是在平时对本企业内各种可能发生的危机作出预测和分析。预测的内容包括：可能发生的危机的性质、数量、规模及其后果。

（二）有精神的和物质的准备

公共关系部门对各类危机要分别制定应付办法，安排好危机中和危机后处理各种问题的合适人选，比如选好负责与新闻媒介联系的发言人。要让他们事先拟定面对不同危机时应当采取相应的措施，也可适当地组织应变演习。

（三）树立危机意识

组织的每一位成员，都应该具备危机感，增强危机意识，一旦危机发生应将它降到最低程度，并很快解决。

（四）严格管理

危机事件是由于管理不善造成的，因此组织在生产经营中应加强管理。

（五）制定好应急计划

（1）安排好危机中和危机后处理各种问题的各环节合适人选。

（2）准备好必要的应急物质设备。例如，防火、防毒、防爆用具。

（3）事先同危机发生后可能需要向其求援的单位建立联系。例如：医院、消防队、公安部门、邻近的解放军部队、同行业的兄弟单位，都可能是处理危机过程中企业的求援对象。

（4）做好预防危机的宣传工作。将危机情况的预测和相应的应急措施，以通俗易懂的方式印成小册子，发给全体员工，提高员工对危机事件发生的警惕性。同时，通过多种方式向员工介绍应付危机的方法，让员工对危机的可能性和应付办法有足够的了解，也可适当地组织应变演习。

复习思考题

1. 公关专题活动与其他活动比较有哪些特点？
2. 举办展览会应注意些什么问题？
3. 试为某物业公司（房地产企业）设计一个庆典活动方案。
4. 你认为召开一个记者招待会应做哪些准备工作？
5. 危机事件产生的原因有哪些？组织如何处理？
6. 组织如何制造新闻？

第九章 接待礼仪

接待来自各方面的客人，是组织公共关系部门一项十分重要的经常性工作，接待工作做得如何，直接关系到组织在公众心目中的形象和声誉。因此，熟知有关接待礼仪是公关人员必不可少的一项技能。本章主要从物业管理的角度介绍在交际活动中常用的接待礼仪以及在物业管理中的应用。

第一节 接待礼仪概述

一、接待概述

（一）接待的含义

接待是指个人或单位以主人的身份招待有关人员，以达到某种目的的社会交往方式。如接待来访的记者、协作单位、上级主管部门、股东、投诉的顾客、社区团体、参观者、外宾等。接待工作是组织的"脸面"，其工作质量的好坏、工作效率的高低直接与组织形象相联系。因此，需要组织做好接待和迎送工作。

（二）接待对组织形象管理的意义

来访接待是一项经常性的公关工作，平凡、繁杂、费事费时，看来收效不大，但是却有较大的影响，这是因为来访接待是组织的专门工作和基础工作，优质的接待服务对组织形象管理具有重要意义，公关人员绝不能掉以轻心。

（1）有助于树立良好的组织形象。来访接待是公众了解组织的第一步，也是组织给公众的第一印象。社会心理学研究表明，人的"第一印象"尤为重要，它能影响到人们的进一步认识和感受，而且不太容易改变。如果来访接待工作没做好，就易给公众留下不好的第一印象。这可能需要组织花更大的代价，更多精力去扭转这一不良形象。

（2）满足公众心理需求。来访接待工作是公众与组织具体的直接接触活动，它不仅涉及到公众的利益问题，也涉及到公众的尊严、感情等心理敏感问题。公众自身亲自的体验和感受，比任何宣传都更有说服力。一个友好、亲切的表示和接待，也能使公众铭记肺腑。

（3）小事情折射出组织形象。许多组织对重大事件和重大活动都比较敏感和重视，一般都会精心设计，认真准备。但是许多平凡小事却受到忽视，孰不知平凡小事同样能映照出组织的特点和形象，这就是常言说的"见微知著"。许多公众也喜欢从这一点来认识、了解组织。而且还有许多公众认为，平凡小事更能反映一个组织的风格和作风。

（4）及时把握公众舆论。接待工作既是公众了解组织的窗口，又是组织了解公众的窗口。公关人员可以通过接待工作与部分公众经常联系，也可以通过接待工作从公众中聆听到一些组织需要的信息，感受到社会发展的脉搏和公众需要的变化特点。

因此，公关人员应认真做好来访接待工作，在接客、待客、送客的过程中，都要讲究一定的礼仪规范。

（三）接待礼仪的含义

接待礼仪是指在接待过程中应遵守的礼节规范。现代社会经济的发展，组织业务往来的增加，对外交往面的扩大，将会使组织的接待工作越来越重要。接待礼仪的重要性随之凸显。因此，注重礼貌、礼节、礼仪，是接待服务最重要的职业基本功之一，应通过优质的服务树立良好的组织形象。

二、接待的类型

按照不同的标准划分，接待有不同的类型。

（一）以接待对象为标准

（1）公务接待。指为完成上下级之间、平行机关之间的公务活动而进行的接待。它包括日常的例会、座谈会、新闻发布会等。

（2）商务接待。指针对一定的商务目的而进行的接待活动。包括生产厂家、供货单位、也有本企业的顾客以及相关领域的企业。

（3）上访接待。指政府职能部门对上访群众的接待。

（4）消费接待。指在消费活动中进行的接待。在经营活动中，任何企业都应把"顾客第一"作为自己经营的基本宗旨，提供优质的产品和优质的服务。

（5）朋友接待。指朋友之间为增进友谊，加强联系而进行的接待。

（二）以接待场所为标准

（1）室内接待。指职能部门的工作人员在自己的办公室、接待室对各种来访者的接待。

（2）室外接待。指对来访者到达时的迎接、逗留期间的陪访及送行时的接待。

虽然接待的类型不同，但是其讲究的礼仪、遵循的原则是大致相同的。

三、接待的原则

无论是单位还是个人在接待来访者时，都希望客人能乘兴而来，满意而归。为达到这一目的，在接待过程中要坚持以下几条原则：

（1）以礼相待。无论来访者是何事由，是何人等，均是组织的客人，应一律以礼相待，切忌"以衣帽取人"，"以事由取人"。起立、问好、迎送、请坐倒水是最起码的礼节。

（2）热情接待。无论对方是来了解情况的，还是联系工作的，或者是来致谢的，或者是来投诉的，都应热情、友好地予以接待。对其所欲了解的问题，应不厌其烦地讲清楚。对联系工作的应予以记录，对所提问题，尽可能予以答复。对致谢的热情接待并不难，对投诉的要热情接待就困难些。这时应从公共关系工作大局出发，考虑到投诉者的心情和怒气，不能火上浇油，而应以平息怒气为主，应说明原因，不能一推了之。否则，将给组织带来更大的坏影响。

（3）真诚相待。由于种种原因，不可能对来访者的问题有问必答，有求必应。但是，对其不应拒绝接待和会见，不回避其难题，而应委婉地说明难处。对已发生的事故最好不要隐瞒真相，要明确表示组织知错必改和敢于承担责任的态度。

（4）平等相待。不论单位大小、级别高低，不论朋友远近、地位异同，都应一视同仁，以礼相待，热情友善，这样才能赢得来访者的尊敬和爱戴，达到沟通信息、交流感情、广交朋友的目的。

四、接待的准备

（一）安排布置，周全具体

1. 时间

作为接待者，无论是因公接待还是接待朋友，都要记清来访者的日期和具体时间。要在来访者到达之前，做好各方面的准备工作。如果来访者事先没有通知，不期而至，接待者无论工作多么繁忙，也要立即停止，热情待客。

2. 场所

接待场所即我们通常说的会客室。在客人到达前要根据具体情况，把会客室精心收拾一番，摆放一些鲜花。一般情况下应先打扫卫生，适当准备一些香烟、水果、饮料、茶具等。如果是商业或其他公务会谈，还应准备一些文具用品和可能用上的相关资料，以便使用和查询。总之，会客室的布置应本着整洁、美观、方便的原则。

3. 接待

来访者到来之前，要了解客人是乘坐什么交通工具而来。如果是带车来访，那么就在自家门口做好准备即可；如果是乘汽车、火车、飞机、轮船而来，就应做好接站的准备。接站时如单位有车应带车前往车站、码头或机场候客，同时还要准备一块接客牌，上面写上"迎接×××代表团"或"迎接×××同志"或"××接待处"等字样。迎接时要举起接客牌，以便客人辨认。妥善做好这些工作，能给客人以热情、周到的感觉，不至于因环境不熟、交通不便给客人带来困难和麻烦。

4. 食宿

安排食宿，首先要了解客人的生活习惯；其次要尽力而为，不铺张浪费。

5. 规格

接待的规格要根据客人的具体情况进行安排，不可过高，也不可过低，同时要根据不同的规格，安排主要接待人员。这些工作都要在客人到来之前做好，否则客人来时就会造成没人照应的尴尬场面。接待的规格主要有以下几种：

（1）对等接待。是指陪同人员与客人的职务、级别等身份大体一致的接待，这在接待工作中是最常见的。一般来讲，来的客人是什么级别，本单位也应派什么级别的同志陪同；在家庭中则是谁的朋友谁接待。单位领导或家庭中其他人只做礼节性的看望即可。

（2）高规格接待。是指陪客比来客职务高的接待。作出这样接待安排有以下几种情况的考虑：一是上级领导机关派工作人员来检查工作情况，传达口头指示；二是平级机关派工作人员来商谈重要事宜；三是下级机关有重要事情请示；四是知名人物来访谈或是先进人物来作报告。总的来说，之所以要高规格接待是由于重要的事情和重要的人物需有关负责人直接出面。

（3）低规格接待。是指陪客比来客职务低的接待，这也是一种常见的接待方法。比如：上级领导来调查研究、视察工作；来客目的是参观学习等，都可视作低规格接待处理。但在这种接待中要特别注意热情、礼貌。

6. 服饰仪表

美的仪表是对社会和他人的尊重。如果一个人的服饰不符合一定场合的要求，就会引起误会。接待者对自己的服饰、仪表要做恰当的准备，不可随随便便。特别是夏季更应注意，不要穿背心、拖鞋、短裤接待客人。古今中外，人们都把主人仪表整洁与否同尊重客人与否直接联系起来。

7. 致词

欢迎词是迎接客人时使用的问候语言，一般情况下不需作出书面准备，但见到客人时要说"欢迎您的到来"、"欢迎您指导工作"、"欢迎光临"之类的话。对于一些隆重的接待，则要准备一些简短的书面欢迎词。

另外，一般在重要的公务接待中，还要准备一些欢迎标语，以示对来访者的尊敬。

（二）了解客人，心中有数

作为接待者必须对来访者的情况有详尽的了解，才能做到心中有数，搞好接待工作。要了解客人主要是弄清来访的目的、性别、人数、职务级别、是否有夫妇同行等情况。

客人来访都是有目的的，通过了解客人的目的，以便有的放矢地做好会谈准备；通过了解客人的人数、性别和是否有夫妇同行等具体情况，便于安排交通工具和住宿，以防准备不足，造成接待不周；而对职务级别的了解则便于主人作出相应规格的接待。

（三）善始善终，做好接待

来访结束后，接待者应代为订好车、船、机票，将客人送往车站、机场、码头。

公关人员如能做好这些接待工作，就能使客人对组织有较好的印象和愉快的心情，同时也为客人参加组织的有关活动打下了基础，使组织与客人的合作事宜能进行得更顺利。

第二节　接待礼仪的基础知识

一、日常交际礼节

（一）称呼礼节

称呼礼节指服务接待人员在日常工作中与来宾交谈或沟通信息时应恰当使用的称呼。

（1）最为普通的称呼是"先生"、"夫人"和"小姐"或"女士"。在使用时可与其姓氏搭配使用，如"李先生"、"王夫人"、"张小姐"等，这能表示对她们熟悉和重视。

（2）遇有职位或职称的先生，可在"先生"一词前冠以职位或职称，如"董事长先生"、"教授先生"等。

（3）对于政府官员、外交使节或军队中的高级将领，最好再加上"阁下"二字，如"总统先生阁下"、"大使先生阁下"、"将军阁下"等，以表示尊敬。

（4）对于国王、王后，则应称呼为"国王陛下"、"亲王陛下"、"王子殿下"、"公主殿下"。

（5）凡来自与我国互称"同志"国家的宾客，可用"同志"相称。有职衔的宾客应同时加上职衔为宜，如"团长同志"、"部长同志"等。

（6）切忌使用"喂"来招呼宾客。

（二）问候礼节

问候礼节指服务接待人员日常工作中根据时间、场合和对象，用不同的礼貌语言向宾客表示亲切的问候和关心。

（1）与宾客初次相见时应主动说"您好，欢迎光临"；一天中不同时间可以说"早上好"、"下午好"、"晚上好"。

（2）根据工作情况需要，在用上述问候语的同时还可跟上"我能帮您做些什么？"或

"需要我帮忙吗?"。

(3) 在接待外宾时，我们不仅要会用汉语表示对宾客的问候，而且更应掌握外语，按照外宾的习惯来表示问候，如"How do you do?"（只能用于初次见面时）。

(4) 在向宾客道别或送行时，我们也应注意问候礼节，可以说"晚安"、"再会"、"祝您一路平安"、"欢迎再次光临"等。

(5) 宾客若患病或感觉不舒服时，则需要表示关心，可以说"请多保重"、"是否要我去请医生"等。

(三) 应答礼节

应答礼节指接待服务中在回答宾客问话时的礼节。

(1) 应答宾客的询问时要站立说话，不能坐着回答；要思想集中，认真聆听，不要东张西望；交谈过程中要真诚热情、平易稳重，不能假情假意，慌乱小气；交谈时要表情自然，语言适当得体，必要时适当做一些手势，有利于谈话的效果。

(2) 如果宾客的谈话语速过快或未听清楚，可以亲切地说"对不起，请您说慢一点。"、"对不起，请您再说一遍好吗?"。

(3) 对于一时回答不了或回答不清的问题，可先向宾客致歉，待查询或请示后再向问询者作答。切不可不负责任地置之脑后。

(4) 回答宾客的问题时还要做到语气婉转，声音大小适中，在众多宾客问询时要从容不迫地一一作答，不能只顾一位而冷落他人。

(5) 对宾客的合理要求要尽量迅速作出答复，而对过分或无理的要求婉言拒绝，如可以说"恐怕不行吧"，"很抱歉，我无法满足您的这种要求"等。

(6) 如果宾客称赞你的良好服务时，切忌在众人面前流露出沾沾自喜的样子，更不能手舞足蹈，而应保持冷静，谦逊地回答"谢谢您的夸奖"、"这是我应该做的"等等。

(四) 迎送礼节

迎送礼节指礼仪接待服务人员在迎送宾客时的礼节。

(1) 在迎送宾客时，应主动迎上去，一手打开车门，一手遮挡车门框上沿，以防宾客头部撞到车门框。对于老弱残幼的宾客，拉开车门后还要主动搀扶。

(2) 对于重要的宾客，必要时应组织管理人员和服务人员在大厅或大门口列队迎送。

(五) 操作礼节

操作礼节指礼仪接待服务人员在日常业务工作中的礼节。

1. 引导

(1) 为宾客引路时，应走在宾客的左前方，距离保持 2～3 步，随着客人的步伐轻松地前进。

(2) 遇拐弯或台阶处，要回头向客人示意说"请当心"。

(3) 引领客人时，应用"请跟我来"、"这边请"、"里边请"等礼貌用语。

(4) 为宾客送行时，应在宾客的后方，距离约半步。

2. 电梯手势

(1) 电梯到达时，应站到梯门旁边，一只手斜放在梯门上，手背朝外，以防梯门突然关闭，碰到宾客；另一只手微微抬起放在胸前，手心朝上，五指并拢，方向是电梯，并面带微笑地说："电梯来了，请进。"

(2) 等宾客全部走进电梯，然后才站进电梯，面向电梯门，一只手按电钮，另一只手的手心朝着电梯门，随着梯门的关闭而伸长。

(3) 等梯门完全关闭，呈上升状态时，转过身，与梯门呈45°角，面向宾客，并用身体挡住电钮开关，使其呈隐蔽状态，防止宾客不小心碰到电钮。

(4) 电梯即将停止时，要用一只手挡住梯门，避免宾客靠在梯门上，梯门完全打开时，首先出去站在梯门旁，一只手斜放在梯门上，另一只手的上臂与下臂呈135°角，五指并拢，手心向上，方向指向通道的出入口并面带微笑地说："×××到了，请走好。"

3. 沏茶

(1) 先检查一下茶具，千万不能用没洗干净的茶杯或者缺口的茶杯；

(2) 茶盘内放一块抹布，以便茶水溢出时擦拭；

(3) 茶盘应与胸平齐，左手托盘，右手自然下垂；

(4) 茶叶不可用手抓，上茶时不可从坐着的宾客头上越过；

(5) 当走至宾客面前时，应一膝弯曲，右手从托盘上把茶端给客人；应先客后主，先女士后男宾；如有外宾，则先送给外宾；注意走路轻、动作轻；

(6) 当把杯子放好后，应立即转动一下，使得杯柄在右侧，以便客人端拿，并及时地说："请用茶"；

(7) 沏茶时，应先一膝弯曲，然后打开杯盖，把茶杯拿起来注水；注水时，茶杯应轻拿轻放；打开杯盖，把杯盖放到桌上时，杯盖的内侧应该朝上，手不能碰到杯口和杯盖的内侧，以示卫生；

(8) 杯盖开启、合盖要缓而轻，避免杯盖相碰而发出响声。

(六) 次序礼节

1. 坐

(1) 室内：面对门为大；

(2) 坐位：多数国家以右为尊。

2. 行

(1) 右为大，左为小；

(2) 两人同行，右为尊；

(3) 三个并行，中为尊；三人前后行，前者为尊。

3. 上车

(1) 尊者从右门先上车，坐右位；

(2) 职位低者绕车后从左门上，坐左位；

(3) 后排（三座）次序为：(3)(1)(2)或(2)(3)(1)(法式)。

(七) 电话接待

(1) 及时接电话。电话铃响了，应尽快去接，不要怠慢；怠慢可能误事，甚至误大事，也可能给对方造成不愉快；更不可接了电话就说："请稍等"，撂下电话半天不理人家。如果确实很忙，可表示歉意，如："对不起，请过5分钟再打来，好吗？"

(2) 主动报家门。在西方一些国家，人们接电话时，未等对方开口，就自报身份、单位或电话号码。这的确是一个与人方便、自己方便，且节约时间、提高效率的好办法，可以免去许多口舌，使打电话的人立即就知道自己是否拨错号码，对方是谁，随即就可进行实质性通话。

(3) 认真听对方说话。受话人应当认真听对方说话，而且不时向对方发出正在认真听话的表示。比如，可根据谈话内容和对方的口气，说"是"、"对"、"好"、"请讲"等，或者干脆就用语气词或感叹词"唔"、"嗯"、"嗨"之类的，让对方感到你是在认真听讲。漫不经心，答非所问，或者一边听话，一边同身边的人谈话，这都是对对方的不尊重，是一种失礼行为。

(4) 如果使用录音电话，应事先把录音程序编好，把一些细节考虑周到。不要先放一长段音乐，也不要把程序搞得太复杂，让对方莫名其妙，不知所措。

(5) 如果对方打错了电话，应当及时告之，口气要和善，不要讽刺挖苦，更不要表示出恼怒之意。如果对方错以为你是受话人，应当及时说明，并尽快叫当事人接电话，不要让对方讲出实质性内容后才告诉人家搞错了，这是不礼貌的。

(6) 在办公室接电话声音不宜太大，让对方听得清楚就可以，否则对方会感觉不舒服，而且也会影响办公室其他人工作。

(7) 替他人接听电话时，要询问清楚对方姓名、电话、单位名称及所属部门，以便在接转电话时为受话人提供便利。在不了解对方的动机、目的是什么时，请不要随便说出指定受话人的行踪和其他的个人信息，比如手机等。

(8) 如果对方没有报上自己的姓名，而直接询问上司的去向，此时应客气而礼貌地询问："对不起，您是哪一位？"。

(9) 在电话中传达有关事宜，应重复重点，对于号码、数字、日期、时间等，应再次确认，以免出错。

(10) 挂断电话前的礼貌不可忽视，要确定对方已经挂断电话，才能轻轻挂上电话。

二、仪表、仪态和仪容

(一) 仪表

仪表，是指一个人的外貌、外表。从广义上讲，仪表是人的外在的特征和内在素质的有机统一，既是指由人的容貌、姿态、衣着打扮、言谈举止、卫生习惯等先天性和习惯性的因素构成的外在特征，也是指人的气质、性格特征、思想修养、道德修养、道德品质、生活情调、学识才智、审美修养等内在素质的反映。

(二) 仪态

仪态，是指人在行为中的姿势、风度。姿势是指身体呈现的样子，风度则是气质方面的表露。

1. 站姿

基本要求是"站如松"。规范的站姿应该是：脖颈挺直，头顶上悬；下颌微收，双目平视前方，面带微笑；两肩放松，气下沉，自然呼吸；脊椎挺直，挺胸收腹肌，臀大肌微收缩并向上提，臀、腹部前后相夹；两腿并拢立直，髋部上提；两脚跟相靠，脚尖分开45°左右，身体重心在脚掌、脚弓上。切忌双手叉腰或将双手抱胸，也不可将手插入裤袋里。

2. 坐姿

基本要求是"坐如钟"。规范的坐姿应该是：上身正直，腰背稍靠椅背，两腿自然弯曲，两脚平落地面。坐姿中要根据凳面的高低及有无扶手，注意两手、两脚、两腿的正确摆法。

3. 行姿

基本要求是"行如风"。规范的行姿态应该是：身体重心稍向前倾，挺胸收腹，精神饱满；抬头，两眼平视前方，面带微笑；跨步均匀，两脚之间距离一只到一只半脚；步伐稳健、轻盈、自然；脚既不向里拐，也不向外撇；两臂放松，自然协调地前后摆动。

4. 手势

手势是一种形体语言，如果运用得恰当、得体，会使人感到既含蓄高雅，又寓意明了。规范标准的手势应是：五指伸直并拢，注意将拇指并严，腕关节伸直，手与前臂成直线；在做动作时，肘关节既不要成直角，也不要完全伸直，弯曲为140°左右为宜；掌心斜上方，手掌与地面成45°；运用手势时，应目视来宾，面带微笑。

5. 表情

面带微笑，真诚服务，这是服务接待工作者的基本要求。所以，我们在服务工作中要树立"笑迎天下客"的良好风气。微笑的要求是：

（1）微笑时，应保持额头平滑，眉头舒展，不应皱眉和抬眉；

（2）双眼微微眯起，目光坦诚，直视对方，笑时应微微颔首；

（3）嘴角上扬，双唇间微微露齿。

（三）仪容

仪容，指人的容貌。仪表风度之美，离不开容貌之美。一个人的长相得之于父母的遗传，它与每个人的学识、才华、事业成就并无直接必然联系。但对于一个人的生活、成长、事业确实又存在一定的影响。

据说，林肯的一位朋友向他推荐一个人入阁，林肯却没有任用他。这位朋友问其原因，林肯答道："我不喜欢他那副长相。"朋友惊诧地问："可是，你不是太过分了吗？他怎能对自己天生的面孔负责啊？"林肯道："不，一个人过了40岁就该对自己的面孔负责。"在林肯看来，一个人的容貌虽由不得你，但长成以后，你的学识、教养、才气、内在精神、气质特征却是完全融合在你的身体里，表现在你的面孔上了。

可见，人的容貌不完全是天生，它需要适当的修饰，才会使之趋于完美。

三、礼貌用语

常用礼貌用语五十句：

① 请！② 您好！③ 欢迎。④ 恭候。⑤ 久违。⑥ 奉陪。⑦ 拜访。⑧ 拜托。⑨ 请问？⑩ 请进。⑪ 请坐！⑫ 谢谢！⑬ 再见！⑭ 对不起。⑮ 失陪了。⑯ 很抱歉！⑰ 请原谅。⑱ 没关系！⑲ 别客气！⑳ 不用谢！㉑ 请稍等。㉒ 请指教。㉓ 请当心！㉔ 请走好。㉕ 这边请。㉖ 您先请。㉗ 您请讲。㉘ 您请放心！㉙ 请多关照。㉚ 请跟我来。㉛ 欢迎光临！㉜ 欢迎再来！㉝ 请不要着急。㉞ 请慢慢地讲。㉟ 让您久等了！㊱ 给您添麻烦了。㊲ 希望您能满意！㊳ 请 您再说一遍。㊴ 请问您有什么事？㊵ 请问您是否找人？㊶ 我能为您做什么？㊷ 很乐意为您服务！㊸ 这是我应该做的。㊹ 把您的需求告诉我。㊺ 我会尽量帮助您的。㊻ 我再帮您想想办法。㊼ 请随时和我们联系。㊽ 请您多提宝贵意见。㊾ 有不清楚的地方您尽量问。㊿ 您的需要就是我的职责。

第三节 接待礼仪在物业管理中的应用

物业管理是房地产综合开发的延续和进一步完善，在现代化的城市管理和房地产经营管理中起着重要作用。作为一个特殊的新兴企业，与日益发展的房地产开发企业一样，面临着严峻的市场竞争。这种市场竞争不仅表现为价格的竞争，更重要的是表现为向社会提供产品和服务的企业整体形象的竞争。在复杂多变的现代社会里，信誉是一个企业谋求生存、争取发展的重要条件和手段。企业只有在树立和提高自身的信誉上下功夫，才能取得扎扎实实的经济效益，才能具有真正经久不衰的竞争力。因此，物业管理企业应千方百计地顺应以人为本的物业管理的发展趋势，为业主提供安全、舒适、和谐的居住环境，保障业主的利益，并以公共关系所倡导的珍视信誉，重视形象，注重双向信息沟通，注重社会综合效益科学理论作指导，有意识、有目的地开展各种公共关系工作，将会给企业带来不可估量的综合效益。

一、物业管理礼仪接待的分类及规程

（一）服务台服务

（1）前台服务，应思想集中，精神饱满，真诚微笑，着装整齐，仪表、仪容端庄整洁。

（2）客人来到服务台，应主动招呼、热情问候、一视同仁、依次接待，让客人感到你是乐于助人的。

（3）接受问询时，应双目平视对方脸部眼鼻三角区，倾听要专心，以示尊重和诚意。

（4）对有急事而词不达意的客人，应劝其安定情绪，然后再问，可说："先生（小姐），别着急，请慢慢地讲。"

（5）对长话慢讲、细述详问的客人要有耐心，细心听清要求后再作回答，决不能敷衍了事或拒之门外。

（6）答复问询时，做到百问不厌，有问必答，简洁明了，用词得当。

（7）自己能回答的，要随问随答，决不推诿。

（8）对不清楚的事，不能不懂装懂，随便回答，也不能一推了事，经过努力，确实无法回答时，应表示歉意。

（9）在填写访客单前，应先问明对方的情况，待宾客出示相关的证件时，方可填写。

（10）接受宾客出示的证件时，应双手接下及时奉还，并应致谢，知道客人姓氏，尽早称呼。

（11）遇不明身份者，应问清情况，及时用电话与业主或使用人联系，视情况填写访客单。

（12）建立岗位记事本，发现异常情况，无论如何处理，都应在记事本上记录。

（二）VIP 接待

（1）接到 VIP 到来通知，事先按照 VIP 人数的多少，准备好一切有关物品，如茶叶、茶杯及相关的材料。

（2）打开所有必经通道的门、灯及空调。

（3）在 VIP 到达前 15 分钟就在入口处站好，准备迎接。

（4）VIP 到达时，应面带微笑，身体向前倾 45°，一只手自然下摆适中，另一只手指向休息室大门的方向，五指并拢，上臂与下臂呈 135°角，并说："欢迎光临，这边请。"

（5）当 VIP 全部进入休息室坐下后，立即奉上事先准备好的茶或饮料，先敬主位上的客人（先女后男），最后敬本单位的陪同领导，并说："先生（小姐），请用茶（或饮料）。"

(6) 开启饮料(易拉罐)时，应注意将孔口朝客人侧后方向外拉开，避免喷溅到客人身上。

(7) 若中途有电话或人员找休息室内有关人员，应马上通知本人，先轻轻走到其身后，然后低声说："先生(小姐)，外面有您的电话(或有人找您)。"

(8) 当 VIP 离开时，应预先站在出口处，看见 VIP，应弯身迎送，并面带微笑地说："欢迎再次光临，请走好。"

二、礼仪接待操作实例

(一) 接待人员规范上岗条例

(1) 礼仪接待宗旨：宾客至上，服务第一；工作核心：固定岗位，流动服务，主动补位，通力合作；工作标准：表里如一。

(2) 礼仪接待实行三级责任制，即接待员对接待主管负责，接待主管对办公室主任负责，办公室主任对管理部主任负责。

(3) 礼仪接待工作实行日班制。

(4) 礼仪接待人员应听从办公室的统一安排，严格遵守岗位职责，站如松，面带微笑，彬彬有礼；坐如钟，微笑服务，有问必答。

(5) 仪表、仪容必须做到：

1) 上岗前应适当化妆、修饰，按规定着装，仪表、仪容端庄、整洁；精神饱满，真诚微笑，站立时两脚合拢，双手交叉在前。

2) 发型应统一、规范，修剪指甲，上班时必须摘除项链、戒指等饰物。

3) 在规定场合应站立服务，对使用人和宾客要主动热情，和蔼可亲。

(6) 礼仪接待人员应坚持文明用语，做到无投诉、无违纪、无责任事故。

(7) 礼仪接待人员在工作中要一丝不苟，认真负责，自觉遵守各项规章制度与《员工手册》。

(8) 员工间应提倡互相友爱，通力合作，坦诚相见，一切以工作为重；有利于物业管理工作的话与事，多说多做；不利于物业管理工作的话与事，不说不做。

(二) 用语

(1) 当客人进来时说："您好！欢迎光临××大厦！"

(2) 对第一次来大厦的客人，应问："先生(小姐)，我能为您提供什么服务？"或问"请问有什么事吗？"、"我能为您做什么？"

(3) 接受客人吩咐时说："好！明白了。"，"好！知道了。"，"好！听清楚了。"

(4) 对不能立即接待的客人，应说："对不起，请您稍候。"或说："对不起，请您稍等一下。"

(5) 对稍等的客人要说："对不起，让您久等了。"

(6) 接待失误或给客人添麻烦时说："对不起，刚才疏忽了，给您添麻烦了，实在抱歉，今后一定注意不再发生类似事件，请再次光临指导。"

(7) 当客人离开时，应说："谢谢光临。欢迎下次再来，请走好(或再见)。"

(三) 礼仪接待操作程序

礼仪接待是最能体现物业管理部门服务水准、部门间协调配合的一项重要工作。其大致操作程序如下：

1. 总则

(1) 礼仪接待由办公室总体负责，礼仪接待人员具体实施，安保、工程、清洁、绿化等部门协助配合。

(2) 整个接待过程及部门之间的协调工作由办公室负责。

2. 接待前的准备（表9-1）

接待前的准备　　　　　　　　　　　表9-1

序号	项目名称	主办	工作标准	协办	工作标准
①	接受任务	办公室	明确来宾的数量、层次，确定活动的日期、时间及活动形式，了解其他特殊要求	经营人员	确定收费与否，或确定具体收费标准
				财务部门	确定费用的收支数额及方式
②	拟定方案	接待人员	根据所接受的任务具体要求，拟定详细的接待方案	办公室	对拟定的方案提出修改意见，并审核确认
③	准备物品	接待人员	根据所确认的实施方案，做好以下各类物品的准备：茶具、日用品、饮料水果，做好品种数量登记	办公室	按需准备好会标、横幅、大屏幕等
				绿化部门	按需准备好盆花、鲜花、花篮、会议桌椅等
				工程部门	按需准备好灯光、音响、空调、电梯等
				清洁部门	按需准备好清香剂、餐巾纸、其他卫生用品
④	布置场地	接待人员	按实施方案，做好茶具、日用品、饮料、水果的摆放，并负责指导其他设备的布置	办公室	按要求挂放会标、横幅，设置大屏幕等
				绿化部门	按要求摆放桌、椅、花卉等
				工程部门	按要求打开通道、门，调好灯光、音响、空调，协助挂放会标横幅
				清洁部门	按要求清扫场地，置放卫生用品，喷清香剂
				通讯部门	按要求接妥电话专线，并保证线路畅通
⑤	总体验收	办公室	对所有的准备工作作最后的确认，发现问题，及时通知有关人员纠正补做	接待人员	按拟定方案，对各项准备工作作总体验收
				安保部门	打开参观通道、会场门户，对所有的准备作安全方面的检查、认可
备注	活动形式指：一般会议、舞会、冷餐会、联欢会、颁奖会、观光等 特殊要求指：会标、横幅、大屏幕、绿化、灯光、音响、电话专线等 接待方案含：人员配置与分工，会场桌椅排列方式，灯光配置绿化点缀，环境装饰，安全保卫等级，所需物品品种与数量等				

3. 接待中的服务（表9-2）

接待中的服务　　　　　　　　　　　　表9-2

序号	项目名称	主办	工作标准	协办	工作标准
①	迎接宾客	管理部	根据来宾层次确定迎客的领导名单，并在大堂或会场门口迎接宾客	接待人员	按分工提前15分钟在大堂、梯口、会场门口、会场内等处迎接宾客，并按服务规范操作
				工程部门	按要求设置专梯，迎接宾客
				安保部门	按安全接待的系列保卫方案实施
②	礼仪服务	接待人员	按拟定方案做好礼仪服务，按服务规范操作	工程部门	确保设备、设施运转正常，及时处理突发事故
				清洁部门	走道、厕所等处做到随脏随扫
				安保部门	按安全接待的系列保卫方案实施，确保安全
③	送客道别	管理部	根据来宾层次，确定送客的领导名单，并将宾客送到梯口大堂或广场	接待人员	在指定地点，按服务规范送客
				工程部门	按要求设置专梯，接送宾客
				安保部门	按安全接待的系列保卫方案实施，确保安全
备注	安全接待的系列保卫安全方案具体内容见安保规章制度；礼仪接待系列服务规范具体内容见办公室规章制度				

4. 接待后的清理（表9-3）

接待后的清理　　　　　　　　　　　　表9-3

序号	项目名称	主办	工作标准	协办	工作标准
①	整理物品	接待人员	按单查验接待必需品，并做好剩量登记、物品整理，为下一次接待做好准备	绿化部门	整理桌椅、花卉，做好清洁归还工作
				工程部门	撤除装饰物、会标、横幅，关闭音响、空调
				清洁部门	协助做好桌椅的清洁与归还就位工作
				通讯部门	拆除电话专线，并做好费用统计与结算
②	清扫场地	清洁员	按操作规范对场地进行打扫	接待人员	对接待必需品进行清洗，为下一次接待做好准备
③	安全检查	安保部	对接待过程中所涉及的场所作全面检查，确保安全	工程部门	关闭所有应该关闭的设备、灯光、门窗
				接待人员	检查场地内是否有宾客遗留物，如发现应及时汇报，设法归还

5. 附则

(1) 接待必需品中，茶具包括饮料杯、瓷茶杯、一次性塑料杯；饮料包括茶叶、矿泉水、咖啡、可乐等；日用品包括托盘、毛巾、竹篮、面巾、洗洁精、百洁布、果盆、烟缸、热水瓶、周转箱、面盆、消毒柜、台布、饮料柜、会议桌椅等；水果包括四季性和时令性水果，一般以香蕉、橘子为主。

(2) 灯光的选择要注意与活动的形式相配，如开大型会议应采用冷色调光源；如是冷餐会或舞会，则采用暖色调的光源再配上五光十色的转灯、闪光灯加以点缀。

三、物业管理的国旗仪式

国旗礼仪是指有关悬挂、升降国旗的政治礼仪。国旗是一个国家的象征和标志，是由国家正式判定并经法律承认的。人们往往通过悬挂国旗来表示对祖国的热爱或对他国的尊重。

中华人民共和国国旗为五星红旗，红色象征革命，五颗五角星象征中国共产党领导下的中国各阶层人民的大团结。在1949年10月1日中华人民共和国的开国典礼上，毛泽东主席升起了第一面五星红旗，以后每逢国庆节，我国的城市、乡村、机关、团体都要悬挂国旗，以示纪念。在国际交往中，国旗代表着一个国家的尊严，如国际会议、外交谈判、签字仪式等都要悬挂国旗。我国政府机关的建筑物上、驻外使馆、边境口岸等处都悬挂国旗以体现国家主权。

悬挂国旗，对国旗尊重不仅是一种政治礼仪，而且是一种法律义务。国旗每天应日出而升，日落而降，当国旗和其他旗（区旗或企业旗）需同时悬挂时，应严格按照《中华人民共和国国旗法》的有关规定执行。

物业是建筑物，物业管理员是对建筑物的管理。建筑物，特别是代表一个城市的标志性建筑物，往往以悬挂国旗来象征其庄严和对祖国的热爱。在对这类建筑物进行物业管理时，应参照解放军国旗礼仪班的操作规程，每天严肃、认真地举行升旗、降旗仪式，既体现了物业管理公司的政治价值观念，也代表了物业管理公司对员工进行爱国主义教育与精神文明建设的行为规范的一部分。

复 习 思 考 题

1. 什么是接待礼仪？它对组织形象管理具有哪些重要意义？
2. 每人以小品的形式将学过的接待礼仪进行综合训练。
3. 在人际交往中怎样修饰自己的仪表？根据自身情况进行练习。
4. 正确的站姿、坐姿和走姿的具体要求有哪些？
5. 接待礼仪在物业管理中的具体规程有哪些？
6. 设计一项日常接待计划。

附录一

《国际公共关系协会行为准则》

一、国际公共关系协会成员必须竭诚做到以下各条:

第一条,为建设应有的道德,文化条件,保证人类得以享受《联合国人权宣言》所规定的各种不可剥夺的权利作贡献。

第二条,建立各种传播网络与渠道以促进基本信息自由流通,使社会的每一成员都有被告知感,从而产生归属感、责任感、与社会合一感。

第三条,牢记由于职业与公众的密切联系,个人的行为,即便是私人方面的,也会对事业的声誉产生影响。

第四条,在自己的职业活动中尊重《联合国人权宣言》的道德原则与规定。

第五条,尊重并维护人类的尊严,确认各人均有自己作判断的权利。

第六条,促成为真正进行思想交流所必须的道德、心理、智能条件,确认参与的各方都有申述情况与表达意见的权利。

二、所有成员都应保证:

第七条,在任何时候任何场合,自己的行为都应赢得有关方面的信赖。

第八条,在任何场合,自己均应在行动中表现出对他所服务的机构和公众双方的正当权益的尊重。

第九条,忠于职守,避免使用含糊或可能引起误解的语言,对目前及以往的客户或雇主都始终忠诚如一。

三、所有成员都应立戒:

第十条,因某种需要而违背真理。

第十一条,传播没有确凿依据的信息。

第十二条,参与任何冒险行动或承揽不道德、不忠实、有损于人类尊严与诚实的业务。

第十三条,使用任何操纵性方法与技术来引发对方无法以其意志控制因而也无法对之负责的潜意识动机。

附录二

《中国国际公共关系协会会员行为准则》

《中国国际公共关系协会会员行为准则》于2002年12月6日经中国国际公共关系协会第三次会员代表大会审议通过，决定于2003年1月1日实施执行。

公共关系是组织机构进行信息传播、关系协调和形象管理的一门艺术和科学，它通过一系列有计划、有目的、有步骤的调查、策划、实施、评估以及咨询等手段来实现。公共关系职业在我国是国家正式认可的一个职业，中国公共关系业服务于社会主义市场经济建设和改革开放，促进物质文明和精神文明的建设，推动社会的进步和发展。

鉴于公共关系业是一个严肃的职业，每个公共关系专业公司和从业人员应该追求崇高的职业道德并遵循职业的行为准则。为此，CIPRA所有会员（单位会员和个人会员）均同意遵守本准则。

第一章 总 则

第一条 教育、引导原则。为组织机构提供有效的、负责任的公共关系服务，教育社会公众并正确引导公众舆论，以服务公众利益。

第二条 公平、公开原则。以公平、公开的态度对待组织机构、社会公众乃至竞争对手，争取良好的商业环境，促进社会进步。

第三条 诚实、信誉原则。以诚实的态度服务组织机构和公众，准确、真实地传播信息；讲求商业信誉，将公众利益放在首位。

第四条 专业、独立原则。运用专业技术和经验服务组织机构和公众，为组织机构提供客观、独立的建议和服务；通过持续的专业开发、研究与教育来推动本职业的发展。

第二章 行 为 准 则

第一条 信息传播是公共关系服务的基础，惟有准确、真实的信息传播才能更好地沟通组织机构与新闻媒体、政府、公众之间的关系，真正服务组织机构和公众利益。CIPRA会员：

1. 确保信息传播手段和信息内容符合国家法律的有关规定；
2. 应该确保信息传播的完整性、真实性、准确性；
3. 应该兼顾公众利益和组织机构利益；
4. 不应该隐瞒事实真相或欺骗公众，有责任迅速纠正错误的传播信息；
5. 不应该向媒体赠送"红包"或其他形式的报酬，媒体必须的版面费、车马费除外。

第二条 以组织机构利益为导向是本行业赖以生存的基础，应该通过不断完善的专业技术和经验来满足组织机构的需求，帮助组织机构实现既定的目标。CIPRA会员：

1. 应该诚实地告知组织机构自己的专业能力，说明代理业务的规范流程，提交标准文案，明示收费标准；

2. 代表组织机构与公众沟通时，应该明示组织机构的名称；

3. 服务组织机构时，不应该在媒体上宣传自己和自己的组织；

4. 不应该承诺自己不能直接控制的结果；

5. 不应同时服务两个利益冲突的组织机构，除非在详细陈述事实之后得到组织机构同意。

第三条　专业服务涉及组织机构众多秘密，因此严格保守组织机构秘密和个人信息是获取组织机构信任、保持商誉的根本。CIPRA 会员：

1. 应该保守组织机构过去、现在以及将来的秘密；

2. 应该保护组织机构及其雇员的隐私；

3. 如发现组织机构秘密外泄，有义务向组织机构提示；

4. 严禁利用他人秘密获取商业利益。

第四条　避免现在、潜在的利益冲突可以建立组织机构和公众的广泛信任，是本行业健康发展的基础。CIPRA 会员：

1. 应该做到个人利益服从组织机构利益，组织机构利益服从公众利益；

2. 应该避免因外界因素而引起个人利益与行业利益的冲突；

3. 有责任向组织机构提示可能影响组织机构的利益冲突；

4. 有义务帮助本行业解决可能存在的利益冲突。

第五条　优胜劣汰，惟有保持公平、公开的竞争，才能不断完善健康、繁荣的行业大环境。CIPRA 会员：

1. 应该尊重平等的竞争，避免因竞争而损害竞争对手的行为发生；

2. 应该通过提高专业技术水平和服务品质来增强竞争能力；

3. 严禁采取欺骗组织机构、诋毁竞争对手等手段来取得竞争优势；

4. 有责任保护知识产权，不应将他人的劳动成果据为己有。

第六条　人才资源是行业发展和繁荣的基本条件，只有不断培养和吸收优秀人才进入本行业，才能不断壮大行业队伍，提升本行业在社会的地位。CIPRA 会员：

1. 有义务对其员工进行专业培训，同时将自己的经验和成果与行业分享；

2. 应该允许人才流动，但不得通过猎取人才来争取相关客户；

3. 流动人员应保守原公司的秘密和知识产权（如客户资料等）；

4. 流动人员不得主动争取原公司的客户资源。

第七条　没有行业的繁荣，也就没有个体的利益。每个成员应以不懈努力，创造一个不断发展、繁荣的行业为己任。CIPRA 会员：

1. 应该积极宣传和传播公共关系知识；

2. 应该不断追求专业技术水平的提高；

3. 应该正确诠释成功的公共关系案例或经验；

4. 应该维护和巩固本行业的职业地位；

5. 应该要求下属及相关人士同样遵守本《准则》的有关规定。

第三章 附 则

第一条 如果CIPRA有足够证据证明某会员在履行其职业义务过程中有违反本准则的行为，该会员将受到CIPRA的劝戒、警告、通报以及开除等处罚。

第二条 本《准则》中所指的"组织机构"，即通常所指的"客户"，包括政府机构、企事业单位以及非盈利机构。

第三条 本《准则》最终解释权归中国国际公共关系协会。

主要参考文献

1 胡杰,王剑兵等主编. 物业管理与业主实务全书. 北京:中华工商联出版社,2000
2 张鸣,罗宗科主编. 公共关系基础. 北京:中国建筑工业出版社,2000
3 廖为建主编. 公共关系学. 北京:高等教育出版社,2000
4 李道魁,段凤儒,梁建伟. 公共关系教程. 成都:西南财经大学出版社,1997
5 刘裕权,卢彰主编. 公共关系学. 成都:成都科技大学出版社,1996
6 吕开然,杨克琳主编. 公共关系实用教程. 北京:石油工业出版社,1996
7 范铨远,张晓丹,贺玲编著. 公共关系学. 成都:成都科技大学出版社,1989
8 李道魁编. 现代礼仪教程. 成都:西南财经大学出版社,2002